KB125827

죽은 자의 말을 듣는 눈

죽은 자의 말을 듣는 눈

나주영 지음

Mortui vivos docent

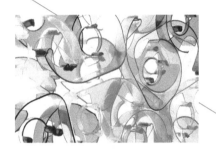

법의학 _____ 살아 있는 사람을 위한 죽음의 시간

죽은 자의 말을 듣는 눈

1쇄 발행 2024년 1월 23일

지은이 나주영
펴낸이 조일동
펴낸곳 드레북스

출판등록 제2023-000148호
주소 경기도 파주시 탄현면 헤이리마을길 93-144, 2층
전화 031-944-0554
팩스 031-944-0552
이메일 drebooks@naver.com

ISBN 979-11-986122-0-5 03300

프롤로그

사람에 관한 책을 쓰려고 하니 컴퓨터 커서가 한 자리에서 계속 깜박거린다. 글을 쓰는 장소를 옮겨볼까 싶어 연구실 안을 계속 왔다 갔다 해보기도 한다. 그렇게 한참을 생각하다가 이윽고 한 가지가 떠올랐다. 역시 'Solvitur ambulando'(걸으면 해결된다)다. '내가 잘 아는 법의학에 관해서 쓰자.' 그러자 희미한 빛이 보이는 듯했다. '사람이 무엇인지 법의학적으로 고민해서 써보자.', '법의학으로 보는 사람을 다루고, 법의학이 궁금한 사람이 읽어도 괜찮을 만한 책을 쓰자.' 이렇게 생각했다

그렇게 이 책은 부검이 무엇인지 등에 관한 법의학 일반으로 시작해 법의학자만이 다룰 수 있는 사람에 관한 내용으로 이어갔다. 사람이 무엇인지 궁금한 이들뿐만 아니라 법의학이 어떤 학문인지 궁금한 이들도 읽기에 부담 없도록 했다.

이 책을 쓰면서 한 가지 강조하고 싶은 것이 있었다. 그것은 뒤를 돌아보지 말고 앞을 보는 것이었다. 법의학이라고 하면 흔히 죽은 사람의 억울함을 풀어주는 학문이라고 짐작하곤 한다. 죽음을 연구하는 학문이라고 생각해, 독자들은 이 책이 죽음이나 과거의 일을 다루리라 예상할 수 있을 것이다. 하지만 나는 이 책에서 인생의 뒤보다 앞을 말하고 싶었다. 법의학은 본래 재판의학이었고, 부검 등 죽음에 제한되는 학문이 아니다. 법의학은 법률상 문제가 되는 의학적 및 과학적 사항을 연구해 이를 해결함으로써 법을 운영하는 데 도움을 주고 인권 옹호에 이바지하는 학문이다. 그래서 법의학은 재판의학이라고 불렸다. 치료의학이 사람의 생명을 연장하고 건강을 증진하는 생명 존중의 의학이라면, 법의학은 사람의 권리가 억울하게 침해받지 않도록 그 권리를 옹호하는 권리 존중의 의학이다.

나는 죽어 있는 사람이 아닌 살아 있는 사람을 위한 법의학을 말하고 싶다. 그래서 이 책은 인간의 시각으로 본 법의학을 다루었고, 이어 법의학의 시각에서 보는 인간에 관해 썼다. 죽은 사람이 살아 있는 사람들에게 어떤 말을 하고 있고, 우리가 그들에게 무엇을 어떻게 배울 수 있는지 고민하고 담았다.

요즘은 각종 영화나 드라마 등 대중 매체를 통해 법의학이 많이 알려져 있으나 여전히 잘 알지 못하는 이들도 있고, 한편으로는 이런 매체를 통해 소개되는 지식은 단편적인 경우가 많아 법의학이 보는 인간을 이야기하기 전에 법의학이 무엇인지 먼저 설명해야겠다고 생각했다. 그래야 법의학으로 보는 인간을 이야기할 수 있으리라.

이 책은 〈나는 죽음에서 세상을 본다〉와 〈주검이 말하는 죽음의 시간〉, 크게 두 부분으로 구성했다. 〈나는 죽음에서 세상을 본다〉는 '우리 안의 법의학'으로, 우리 사회에서 법의학이 무엇이고 어떤 역할을 담당하고 있으며, 법의학이 인간과 사회에 어떤 의의가 있는지 살펴보았다. 이를 위해 법의학의 정의와 세부 학문을 다루고, 법의학이라고 하면 흔히 생각하는 부검도 들여다보았다. 법의학을 통해 규명되는 사인이나 사망의 종류는 물론 인간의 죽음을 마무리하는 사망증명서와 사람으로서 사회적 관계를 회복시키는 개인식별도 이야기했다.

다음으로 '법의학 안의 우리'를 다룬 〈주검이 말하는 죽음의 시간〉에서는 법의학의 눈으로 보는 인간의 시작, 법의학에서 보는 살아 있는 인간으로서의 의미, 인간의 끝, 죽음 이후의 변화라는 주제로 법의학을 이해하고, 나아가 인간의 존재를 들여다본다. 죽음 이후 인간의 변화, 그리고 죽음에 대한 자신의 의지를 표명하는 연명의료 결정을 살펴본다. 법의학으로 보는 우리 안의 고립된 죽음, 고독사(고립사)에 이어 사회 속에서 한 사람의 온전한 마무리를 가능하게 하는 검시제도로 마무리한다.

법의학을 설명하다 보면 법과 의학을 함께 다룰 수밖에 없다. 그래서 독자들이 어려워할지도 모르겠다고 생각했다. 사람이란 무엇인가라는 거대한 담론도 어려운데 머리에서 쥐가 날 것 같은 법과 의학으로 풀어가겠다니 말이다. 의학 드라마를 보더라도 화면 밑의 용어 해설들은 내게도 낯설고 어려울 때가 많다. 법의학자인 나조차 의학 용어 해설을 보다가 배우들의 연기를 놓칠 때가 있다.

하지만 이 책을 그렇게 예단할 필요는 없다. 법의학은 그렇게 어렵지 않고 오히려 직관적이다. 법의학은 기본적으로 법학이 아닌 의학이기에 법적인 전문 용어나 법학 논리는 내게도 어색하고 부담스럽다. 마지막으로 법의학은 기본적으로 의학을 전공하지 않는 사람들을 향하고 있다. 법의학은 의학을 전공하지 않는 사람들을 위해 의학적인 문제를 감정(鑑定)하는 의학이기 때문이다. 그래서 이 책은 최대한 쉽게 이해할 수 있도록 쓰기 위해 노력했다. 의사들 사이에 오가는 전문적인 용어도 최대한 줄였다. 그럼에도 어렵다면 내 불찰로 이해해주기를 바란다.

이 책이 법의학이 궁금한 이들에게, 그리고 법의학의 눈으로 보는 인간은 어떤 존재인지 궁금한 사람들에게 도움이 되었으면 하는 마음이다.

차례

——————— 나는 죽음에서 세상을 본다

나는 죽음에서
세상을 본다

법의학은 법률의 시행과 적용에 관련된 의학적 또는 과학적 사항을 연구하고 이를 적용하거나 감정하는 의학이다. 법의학은 임상의학, 즉 살아 있는 환자를 진료하는 의학이 아니라 죽어 있는 사람을 진료하는 의학이다. 그리고 나는 죽어 있는 환자를 진료하는 의사다. 물론 죽어 있는 환자는 이미 죽었기 때문에 치료라는 의료행위가 필요하지 않다. 그러나 진단이라는 의료행위는 여전히 필요하다. 죽어 있는 사람을 위해, 그리고 아직 살아 있는 사람들을 위해.

법의학은 환자를 치료하는 의학은 아니지만, 인권을 옹호하고 공중의 건강과 안전을 증진하며 사회 정의를 구현하는 의학이다. 따라서 법의학은 환자 한 사람의 병을 치료하는 의학이라기보다 사회를 치료하는 의학이라고 할 수 있다.

법의학에는 법의병리학(forensic pathology), 법치의학 (forensic odontology), 법의인류학(forensic anthropology), 임상법의학(forensic medicine), 개인식별 등 여러 세부 분야가 있다. 내가 전공하는 법의병리학은 주로 부검 등으로 사인과 사망의 종류를 밝히는 등 죽음을 조사하고 연구한다. 법치의학은 주로 치아를 이용해서 개인식별을 하고 연령을 추정하며, 법의인류학은 주로 뼈를 이용해 연구한다. 임상법의학은 임상 진료와 관련해 발생하는 의료사고 등의 사건을 법의학적으로 연구하는 학문으로, 의료사고 및 분쟁이나 배상 및 보상 등을 대상으로 한다. 개인식별은 친자감별이나 개개인의 신원을 확인하는 학문 분야다.

각 분야가 맡은 일은 달라도 그 이름을 보면 한 가지 공통점이 있다. 이들 분야의 이름에 forensic이 공통적으로 들어간다. forensic은 '법의'로 해석할 수 있다. 한편으로 독자들은 휴대전화와 같은 전자기기를 조사할 때 흔히 말하는 '포렌식을 맡긴다'는 말이 떠오를 수도 있다. 하지만 포렌식이라는 말은 법의학과 상관없을 것 같은 단어인 '시장의', '광장의', '공공의', '공중의'를 뜻하는 라틴어 forensis에서 기원했다. 법의학이 시장이나 광장과 무슨 관계가 있을까?

forensis는 라틴어 forum과 관계된다. forum은 '시장', '광장'을 뜻한다. 로마시대에 사람들은 광장에 모여 재판을 하는 등 공적인 일을 토론했다. 그래서 지금도 포럼은 '토론회'라는 뜻으로 쓰이고, 로마에 가면 '로마 사람의 광장'이라는 뜻의 포럼 로마눔이 있다. 로마 사람들이 포럼에 모여 공적인 일을 토론하다 보니 forum과 유사한 단어인 forensis는 '공중의', '공공의'라는 뜻이 되었으며, 라틴어 forensis가 영어 forensic이 되었다. 즉 법의학(forensic medicine)은 공적 의학, 공공의학이다. 요즘 공공의대 설립 건으로 많은 말이 오가는데, 법의학을 전공으로 하는 의과대학을 만든다면 어떨까? 행복한 상상을 해본다.

법의학은 재판과 관련된 의학이기도 하다. 주로 재판정에서 공적인 판단이 이루어지고, 특히 로마시대에 광장에서 재판이 이루어졌기 때문이다. 그래서 초기에 법의학을 의미하는 forensic medicine은 재판의학으로 번역되었다. 재판과 관련된 것이라고 해서 형사사건만 의미한 것은 아니다. 법의학의 세부 분야에 임상법의학이 있었다. 임상법의학의 경우 형사사건보다는 민사사건에 더 가깝다고 할 수 있다. 개인식별 분야도 그렇다. 그러다가 일본에서 재판의학을 법의학으로 부르기 시작했고, 이 용어가 우리나라에 들어와 자연스럽게 우리나라에서는 법의학으로 정착되었다.

죽음이라는 끝이 있는 유한한 삶을 사는 우리이기에 인간을 이야기하려면 죽음을 언급하지 않을 수 없다. 어쩌면 우리가 인간인 이유는 우리가 죽을 것이기 때문이라고 할 수도 있다. 그리고 법의학은 인간의 죽음을 공부하기에 가장 적합한 학문이다. 실재적으로 죽은 사람의 이야기를 듣고 이를 살아 있는 사람에게 적용하는 학문이기 때문이다. 이와 같다면, 법의학보다 죽음까지 포함해 인간을 실재적이고 현실적으로 살피는 분야를 찾기는 쉽지 않을 것이다. 따라서 나는 법의학이라는 학문을 통해 죽음에서 인간과 세상을 본다.

법의학과
법의병리학

법의병리학은 법의학의 세부 분야이지만, 가장 큰 분야라고도 할 수 있다. 우리나라에 법의학자가 몇 명인지 묻곤 하는데, 정확히는 알 수 없지만 내 법의학 인정의 번호가 45번이고, 2011년에 인정의 자격을 취득했으므로 지금 법의인정의 번호는 70번 정도 아닐까 싶다. 하지만 그 사이에 법의학 인정의들 중에 정년에 이르거나 돌아가신 분들도 있으므로 법의학 인정의가 그 숫자만큼 증가한 것은 아니다.

우리나라에서 부검할 수 있는 법의학자, 자세히는 법의병리학자가 70명 정도라고 해도 너무 적지만, 사실 이 정도도 되지 않는다. 법의학 인정의 안에는 법치의학을 전공한 이들도 있고 법의인류학이 전공인 이들도 있다. 따라서 아주 많게

계수하면 60명 정도이며, 실제로 활동 중인 법의병리학자는 40명에서 50명 정도라고 할 수 있다. 과거에는 우리나라의 법의학자들이 승합차를 탈 정도 된다고 했는데, 이제는 버스 한 대를 탈 수 있게 되었다.

법의병리학은 법의학의 세부 분야 중에서 가장 중심이고, 내가 전공하는 분야이기도 하다. 대개 법의학자라고 하면 법의병리학자를 말한다. 이름에서 힌트가 있지만, 법의병리학자는 병리학자다. 병리학(病理學, pathology)은 질병이 인체에 가져오는 형태적·기능적 변화를 연구하며, 질병의 원인 및 발생 과정을 탐구하고, 의학 교육 및 연구에서 가장 기초가 되는 학문이다.

병원에서는 채취된 조직검사 검체를 이용해 환자의 질병을 진단한다. 우리가 병원에서 위내시경이나 대장내시경을 하면 경우에 따라 조직검사를 하게 되는데, 그때 채취한 인체 조직은 병리과로 보내져 검사가 이루어진다. 병리과에서는 조직 검체를 주로 광학현미경을 이용해 검사하고 진단한다. 참고로 《독립신문》을 만든 독립운동가이자 우리나라 최초의 의사인 서재필 박사도 병리학자였다.

법의병리학은 병리학의 정의에서 질병 대신에 죽음을 넣

으면 대충 맞다. 법의병리학은 죽음이 인체에 가져오는 형태적 · 기능적 변화들을 연구하며, 죽음의 원인 및 발생 과정을 탐구하고, 의학 교육 및 연구에서 가장 기초가 되는 학문으로서 부검 등을 통해 죽음을 진단하는 학문이다.

따라서 법의병리학자는 신체 장기의 육안 및 현미경적 검사를 할 줄 알아야 하고, 유전자 검사와 혈중알코올 검사, 약물이나 독물 검사 등 다른 법의학적 실험실 검사 결과를 해석할 줄 알아야 하며, 이를 위해 시신에서 적절한 검체를 채취해야 한다. 그리고 시신에 대한 육안 소견, 현미경적 소견 및 다른 법의학적 검사 결과들을 종합해 사망을 조사하는 역할을 한다.

법의병리학자가 되려면 의대를 졸업하고 의사고시를 합격해서 의사면허를 취득해야 한다. 1년 과정인 인턴을 수료하고 병리과 전공의가 되어 4년 동안의 수련을 마친 후 병리과 전문의 시험에 합격해서 병리과 전문의 자격증을 취득해야 한다. 그 뒤 법의병리학을 세부 전공하고 일정한 자격을 갖춘 다음 법의학 인정의 시험에 합격하면 법의학 인정의, 특히 법의병리학자 자격을 취득한다.

우리가 흔히 내과 전문의라고 하지만, 대학병원에 가면 내과 전문의도 소화기내과, 순환기내과, 호흡기내과 등으로 세분되는 것처럼 법의병리학자는 병리과 전문의 자격을 취득한 뒤에 법의병리를 세부 전공한 것이라고 이해할 수 있다. 이런 과정을 거치려면 의대 6년, 인턴 1년, 병리과 전공의 4년, 법의병리학 세부 전공 2년 등 13년을 거쳐야 하고, 남성의 경우 군대 3년이 추가된다.

다만 말이
없을 뿐

법의학이라고 하면 흔히 부검을 생각한다. 부검이 법의학의 전부라고 할 수는 없지만, 법의병리학을 전공하지 않으면 부검을 집도하기 어렵고, 부검 자체가 매우 특수한 전문 분야이기도 하며, 대중매체에서 법의학자가 주로 부검하는 의사로 비치다 보니 대중적으로는 법의학이라고 하면 부검을 가장 먼저 떠올린다. 부검은 영어로 autopsy로, auto는 '스스로'를, opsy는 '본다'를 뜻한다. 따라서 autopsy는 '스스로 본다'로 해석할 수 있다.

전공의 1년차가 되기 전인 인턴 말쯤이었을 때, 법의학을 하겠다는 내 말에 친구가 "왜 하필 법의학이야?"라고 물었다. 그때 나는 "법의학도 의사가 해야 하는 일이고, 남들이 잘 하지 않으니 내가 하겠어."라고 대답했다. 그랬더니 친구는 "환자를 봐야지 왜 법의학을 하려고?"라고 다시 물었다. 그러면서 당연히 내가 내과를 전공할 줄 알았다고 했다. 그래서 "나도 환자를 봐."라고 말했다. 다만 내가 보는 환자는 말을 하지 않을 뿐이다.

죽은 사람은 말을 하지 않는다. 그래서 그의 말을 듣기는 쉽지 않다. 들을 수 있는 귀가 있는 사람만 죽은 사람의 말을 들을 수 있다. 말을 하지 않는 죽은 사람의 이야기를 들을 수 있는 귀는 무엇일까? 나는 죽은 사람의 말은 내 눈을 통해 들을 수 있다고 생각한다. 죽은 사람은 말이 없으니 내가 시신을 보고 그의 말을 들어야 한다. 그래서 '스스로 본다'라는 뜻의 단어가 '부검'이 되었으리라.

우리나라에서 한 해 동안 사망하는 사람은 2021년 기준 31만7,680명이다. 이 중 몇 건에서 부검이 이루어질까? 국내에서 시행된 부검을 다룬 통계 논문 중에서 《대한법의학회지》에 마지막으로 보고된 논문인 2017년 기준으로 보면 당시 사망자는 28만5,534명이었고, 그해에 시행된 법의부검, 즉 법의학자들이 행한 부검은 8,777건으로 전체 사망자의 3.1% 정도였다.

법의부검이 이 정도라면 다른 부검도 있을까? 물론 질병을 확인하기 위해 시행하는 병리부검, 방역 등의 목적에 의한 행정부검, 보험 등의 목적으로 유가족의 요청에 의해 시행되는 부검 등도 있다. 그러나 우리나라에서 이런 부검은 극히 적다. 심지어 코로나19 대유행 시기에도 우리나라에서 방역을 위한 부검은 시행되지 않았다. 그래서 우리나라에서 시행되는 부검은 법의부검이 전부라고 해도 과언이 아니다.

나는 '스스로 보는' 부검을 한다. 물론 부검을 통해 죽은 사람의 말을 듣는 것이 쉬운 일은 아니다. 죽은 사람의 말을 들으려면 많은 공부와 오랜 시간의 수련이 필요하다. 나는 죽은 사람을 만나 스스로 봄으로써 그들의 무언(無言)의 말을 듣는다.

하비와 안티스티우스가
마주한 것

영국 런던 '이발사-외과의사의 홀'에는 〈찰스 스카보로프 경과 에드워드 에리스가 집도하는 부검〉이라는 제목의 그림이 걸려 있다. 둘 중에 키가 큰 모자를 쓰고 있는 사람이 스카보로프 경이고, 키가 작은 모자를 쓰고 있는 사람이 에드워드 에리스다.

요즘에는 보기가 어려운데, 독자들은 이발소 간판 앞에 빨갛고 파랗고 하얀색 띠가 뱅글뱅글 돌아가는 구조물을 본 기억이 있는지 모르겠다. 왜 이런 구조물이 이발소 앞에 있는지 궁금한 적은 없었을까? 이런 구조물이 이발소 앞에 있는 것은 과거에 이발사가 외과의사 역할을 했기 때문이다. 빨갛고 파랗고 하얀색의 띠는 각각 동맥, 정맥, 거즈를 상징한다. 이

발사가 외과의사 역할을 했기 때문에 이런 구조물이 이발소의 상징이 되었다. 그래서 이 그림도 런던에 있는 이발사-외과의사의 홀에 전시되어 있다.

스카보로프 경은 윌리엄 하비의 제자이기도 했다. 1628년, 윌리엄 하비는 《동물의 심장과 혈액의 움직임에 관한 해부학적 연구》를 출판하며 혈액순환론을 소개했다. 그는 피가 심장으로부터 나와서 동맥과 정맥을 거쳐 다시 심장으로 돌아오는 혈액순환을 밝힌 의사로, 근대생리학의 아버지라고 불린다.

〈찰스 스카보로프 경과 에드워드 에리스가 집도하는 부검〉,
G. P. 하딩, 1818년

지금 생각하면 당연한 이야기이지만, 그때까지만 해도 이 것은 상상할 수 없는 이론이었다. 당시는 고대 그리스 의학 자 갈레노스의 가설을 천 년 넘도록 무비판적으로 받아들이 던 시대였다. 갈레노스에 따르면 혈액은 간에서 만들어지고 혈관을 따라 신체 말단에 가서 소멸한다. 그런데 하비는 이 생각을 의심했고, 수학적 계산과 부검 및 과학적 실험을 통해 처음으로 이를 반박하고 그것이 틀렸음을 증명했다. 의학계 의 코페르니쿠스라고나 할까.

하비는 해부를 통해 1분에 뿜어져 나오는 혈액의 양을 계산 했다. 이를 24시간으로 계산했더니 하루에 뿜어져 나오는 혈 액이 1,800리터 정도나 되었다. 하루 동안 심장으로부터 뿜 어져 나오는 양이라고 하기에는 너무 많은 양이었다. 그는 사 람이 날마다 이렇게 많은 혈액을 만들어내는 것은 불가능하 다고 보았고, 어떤 방법으로든 혈액은 순환한다고 생각했다. 다만 당시에는 모세혈관을 관찰할 수 없었기 때문에 심장, 동 맥, 세동맥, 모세혈관, 세정맥, 정맥, 심장으로 돌아오는 혈 액순환을 완전히 밝히지는 못했다.

하비는 팔에 줄을 묶는 결찰사 실험도 했다. 팔의 윗부분을 줄로 묶는데, 세게 묶으면 피부 깊숙한 곳에 있는 동맥까지 묶여 팔 윗부분이 부풀어 오르고, 조금 약하게 묶으면 피부 아래 얕은 곳에 위치한 정맥만 묶여 팔 아랫부분이 부풀어 오르는 것을 관찰했다. 이 실험을 통해 그는 동맥과 정맥이 서로 연결되어 있음을 알아냈다.

이런 하비의 혈액순환론은 너무나 새로운 생각이어서 그가 살아 있는 동안 과학계에서 받아들여지지 못했다. 하지만 현재 그는 과학적 실험을 통해 근대과학 연구, 특히 의학 연구의 기틀을 마련한 의사로 널리 인정받고 있다.

어떻게 혈액이 심장에 의해 몸을 순환하는지 정확하게 설명한 최초의 의사로서 하비가 해부학과 생리학에 큰 영향을

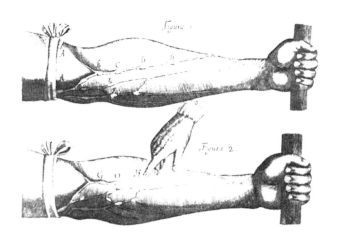

끼쳤다면, 기록으로 확인되는 법의부검은 율리우스 카이사르의 죽음에서 찾아볼 수 있다.

신고전주의 이탈리아 화가인 빈센조 카무치니는 기원전 44년 3월 15일 율리우스 카이사르가 약 40명의 로마 원로원 의원들에게 암살되는 장면을 화폭에 담았다. 이 그림을 보면 여러 사람이 카이사르를 죽이기 위해 칼을 들고 그를 둘러싸고 있는데, 다들 살의를 품은 눈빛이다. 하지만 그중에서 한 사람은 카이사르와 눈을 마주치지 못한 채 고개를 돌리고 있다. 그림 가장 중앙에 있는 바로 그 사람이 카이사르가 죽으면서 "브루투스 너마저……."라고 한 브루투스가 아니었을까.

고대 로마의 통치자 율리우스 카이사르는 제1차 삼두정치의 일원으로 갈리아를 정복하고 지금의 영국인 브리타니아까지 침공하며 로마의 영토를 확장했다. "주사위는 던져졌다."라는 유명한 말과 함께 루비콘강을 건너 로마 내전에서 승리하며 로마 제1의 권력자가 되었지만 그가 아끼던 브루투스 등에 의해 암살되었다. 카이사르의 사망과 함께 로마 공화정도 죽고, 로마는 황제가 다스리는 제정으로 다시 탄생했다.

카이사르가 죽자 카이사르의 주치의인 안티스티우스는 카이사르를 부검했고, 카이사르의 시신에서 23곳의 자창, 즉

〈카이사르의 죽음〉, 빈첸조 카무치니, 1804년.

찔린 손상을 확인했다. 안티스티우스는 23곳의 자창 중 왼쪽 어깨뼈 부위의 자창이 심장까지 도달했으며, 이것이 치명적인 손상이라고 확인했다. 이것이 기록으로 확인되는 최초의 법의부검이다.

참고로, 카이사르가 사망할 당시에 브루투스를 보며 "브루투스 너마저……."라고 말했다고 하는데, 정말 그렇게 말했을까? 이 유명한 말은 윌리엄 셰익스피어의 희곡 〈줄리우스 시저〉에 나오는 대사로, 실제로 카이사르가 그런 유언을 남겼다는 증거는 없다.

사소하다고 생각한
그것

일반적으로 살인 등의 사건에서 법의부검이 시행된다고 짐작하지만 그렇지 않다. 법의부검은 민사 또는 형사 목적으로, 법적 문제가 발생할 수 있는 모든 사망사건에서 필요한 소견을 확인하기 위해 시행되는 부검이다. 따라서 살인사건 등의 형사재판에 제한되지 않고, 법의부검으로 확인해야 할 소견들은 치명적인 손상을 확인하는 데 그치지 않는다. 오히려 재판을 위해 필요한 소견이라면 치명적이지 않은 손상이나 그밖에 다른 신체 상태에 대한 소견까지 모두 확인해야 한다.

흔히 부검에 유가족의 동의가 필요하리라 짐작한다. 하지만 그렇지 않다. 앞에서 말한 것처럼 우리나라에서 이루어지는 거의 모든 부검은 법의부검이다. 법의부검은 재판 등의 법적 관계에서 사망을 조사하기 위해 시행되는 공적 목적의 부검이다. 따라서 법의부검은 검사의 청구에 따라 법원이 발부한 압수·수색·검증 영장에 근거해 시행되며, 따라서 법의부검을 할 때 유가족의 동의는 필요하지 않다. 압수·수색·검증 영장이라는 말 그대로 시신을 압수해 검증하는 과정이 법의부검이다.

시신을 압수해서 부검으로 검증하는 것은 태산보다 무거운 사람이 사망했고, 부검이 사망을 조사하는 데 가장 유효한 방법이며, 이를 통해 국가가 한 사람의 마지막을 명확히 하려는 데 목적이 있다. 우리나라는 부검을 터부시하는 경향이 있는데, 부검이 이루어지지 않는 경우가 있다면 오히려 왜 부검해서 소중한 한 사람의 사망을 명확히 하지 않느냐고 따져야 옳다. 부검해서 생기는 문제보다 부검이 이루어지지 않아 한 사람의 사망이 명확히 밝혀지지 못해 발생하는 문제가 더 많고 더 고통스럽다. 부검을 해서 생기는 문제가 있기는 할까?

실무적으로 우리나라에서는 변사사건에서 법의부검이 이루어지고 있다. 변사란 법적 개념으로, 내인사로 확인되기 전의 모든 사망을 일컫는다. 자살, 타살, 사고사 등의 외인사는 물론 내인사라고 해도 내인사로 판단되기 이전에 사인이 불분명한 경우의 모든 사망이 변사다. 즉 부검을 통해 심근경색증으로 사망했다는 것이 확인되더라도 부검으로 심근경색증이 확인되기 전 사인이 불분명한 상태일 때 그 시신은 변사체다.

이렇다 보니 사람마다 변사를 다르게 판단할 수 있고 제대로 판단하기 힘들 수 있다. 그래서 2018년 대한법의학회에서는 변사 가이드라인을 발표했다. 이에 따르면 변사는 '국민의 건강, 안전, 범죄와 관련하여 사망 원인을 밝히고 국가가 책임지고 처리해야 하는 죽음'을 말한다. 이와 함께 변사의 종류도 다음과 같이 유형화하여 구체화했다.

1. 범죄와 관련되었거나 범죄의 의심이 있는 사망.

2. 모든 사고성 사망.

3. 자살했거나 자살의 의심이 있는 사망.

4. 부패 및 신원불상의 시체.

5. 수중 시체 및 화재와 연관된 사망.

6. 연행, 구금, 심문, 구치소, 교도소 등 사법 집행 과정에서의 사망.

7. 정신보건 시설, 고아원 등 집단 복지 수용 시설에서의

사망.

8. 평소 건강한 것으로 보였으나, 갑자기 죽는 청장년 및 노인 사망.

9. 의료기관에서 치료 중이 아닌 영유아, 소아 및 청소년 사망.

10. 급성 중독이 의심되는 사망.

11. 의료기관에서의 사인 미상의 사망.

두벌죽음의
세상에서

사인은 '사람을 죽음에 이르게 한 질병, 병적 상태 또는 손상'을 말한다. 쉽게 풀면 사람이 사망에 이른 원인이다. 즉, 사람을 죽음에 이르게 한 일련의 이상 상태를 유발한 질병이나 손상이 사인이기 때문에 질병만 언급하는 것이 아니며, 교통사고나 추락 등의 손상도 그 자체로 사인이 될 수 있다.

 이런 사망 원인은 추상적인 개념이 아니라 생물학적 및 의학적인 구체적 개념으로, 의학적으로 검토되고 과학적으로 타당한 결정이어야 한다. 따라서 이를 적합하게 판단하려면 여러 정보가 필수적이다. 특히 외부 소견뿐만 아니라 해부 소견을 확인할 수 있고 해부 중 적절한 검체를 채취해 필요한 추가적인 사후검사를 가능하게 하는 부검은 사인과 사망의 종류를 판단하는 등 사망을 조사하는 데 가장 중요한 검사 방법으로 인정된다. 사망에 이른 원인을 적합하게 판단하려면 여러 정보가 필수적이고, 부검보다 사망을 조사하는 데 더 중요한 검사 방법은 없다. 따라서 부검이 이루어지지 못해 문제가 발생할 수는 있어도 부검이 이루어져 문제가 발생하는 경우는 없다.

부검을 하면 죽은 사람을 편하게 보내지 못하는 것일까? 사실 부검을 했다고 해서 이미 사망한 사람이 불편해지는 것도 아니다. 할 수만 있다면 부검을 통해 태산 같은 한 사람의 사망을 명백히 밝히는 것이 무엇보다 중요하다. 이를 통해 적합하게 판단된 사인은 국민복지 및 보건의료 정책 수립을 위한 바른 기초자료로 사용된다.

부검은 터부시할 것이 아니다. 오히려 부검이 이루어지지 않으면 왜 부검을 통해 소중한 한 사람의 사망을 명백하게 확인하지 않느냐고 따지는 것이 맞다. 나는 법의학 감정(鑑定)을 하면서 망자를 편하게 보내주고 싶다며 부검을 반대했다가 보험 등 여러 가지 문제 때문에 나중에 후회하는 유족을 많이 봐왔다. 부검을 하느냐 하지 않느냐의 문제는 망자를 편하게 보내주느냐 불편하게 보내주느냐의 문제가 아니다. 과

연 부검하면 사망한 사람이 불편해하기는 할까? 그렇지 않을 것 같다. 오히려 부검을 하지 않으면 망자의 사망이 명확하게 밝혀지지 않으면서 남은 사람들이 불편해질 수 있다.

하지만 우리나라 사람들은 부검을 싫어한다. 얼마나 싫어하면 '두벌죽음'이라는 말이 있을까. 표준국어대사전에서 두벌죽음은 '두 번 죽임을 당한다'는 말로, 예시 문장은 다음과 같다.

"유족들은 사망 원인을 밝히기 위한 검시를 두벌죽음으로 생각했다."

부검을 하는 법의병리학자 입장에서 가슴 아픈 말이다. 시신을 부검하는 것이 사람을 두 번 죽이는 것이라면 나는 지금까지 2천 명 이상을 죽인 연쇄살인범이다. 더구나 이렇게 책까지 쓰고 있다니 아이러니하다. 이런 선입견과 편견에 가슴 아프고, 그런 현실이 안타깝기만 하다. 무엇과 비교할 수 없고 태산보다 큰 한 사람의 죽음을 조사하고 명백하게 밝히는 것이 오히려 그를 두 번 죽이는 것으로 인식되다니. 그래도 나는 늘 그랬듯이 이번 주에도 다시 사람을 죽이러 부검대 앞에 담담히 서야 하고, 그 앞에 설 것이다.

정말 그것이
사인일까

우리는 최근 수년 동안 코로나바이러스 대유행의 터널을 통과했고, 한편으로는 지금도 통과하고 있다. 우리나라에서 코로나바이러스 감염에 의한 코로나19로 얼마나 많은 사람이 사망했을까?

통계청은 매년 9월 즈음에 우리나라의 사망 원인 통계를 발표한다. 이는 우리 국민의 정확한 사망 원인 구조를 파악해 국민복지 및 보건의료 정책 수립을 위한 기초자료를 제공하기 위해서다. 사망 원인 통계를 보면 2021년에 사망자는 31만7,680명이고, 3대 사인은 암, 심장 질환, 폐렴으로서 이들로 인한 사망이 전체 사망의 43.1%를 차지한다. 사망 원인 통계에 따르면 코로나19에 의한 사망은 2020년 기준 4,080

명이고, 2021년 기준 5,030명이다. 지난 코로나바이러스 대유행 동안 1년에 4천 명에서 5천 명 정도가 코로나19로 사망했다.

이 수치는 많을까 적을까? 나는 코로나19에 의한 죽음의 많고 적음을 따지기 전에 법의병리학자로서 어쩔 수 없이 이런 생각이 먼저 떠오른다. 이 수치를 믿을 수 있을까?

60대 여성이 주거지에서 사망했고, 배우자에 의해 발견되었다. 약 10일 전에 코로나바이러스 확진을 받았고, 주거지에서 7일간 격리되었다. 격리 동안 인후통 등의 증상이 있었으나 별다른 심각한 증상은 없었다. 7일간의 격리가 끝나고 일상생활로 돌아온 후에 실신하는 증상이 있었지만 금방 정신을 차렸고 회복했기에 대수롭지 않게 넘겼다. 그런데 격리 해제되고 4일 만에 주거지에서 사망한 채 발견되었다. 예상하지 못한 사망이었고, 사인과 사망의 종류를 판단하는 등 사망을 조사하기 위해 부검이 시행되었다.

내가 부검을 담당했는데, 육안 및 현미경적 검사를 했고, 혈액 등을 채취해 필요한 검사를 시행했다. 심장에서 조직검사를 시행했고, 현미경으로 검사해보니 심장 근육에서 염증세포의 침윤이 확인되었다. 이는 심근염의 소견이었다. 부검 및 각종 사후검사를 종합한 결과 이 여성은 코로나19에 의한 심근염으로 사망한 것으로 판단되었다. 코로나바이러스 확진의 과거력이 있었지만, 망인은 격리 해제 이후 사망했고 코로나19에 의한 증상은 인후통 정도였기 때문에 부검하지 않았다면 코로나19를 사인으로 판단하기는 불가능했을 것이다. 다행히 우연하게도 부검이 이루어져 사인과 사망의 종류를 명확히 할 수 있어서 불행 중 다행이라고 할까.

반대의 경우는 없을까? 70대 여성이 코로나바이러스에 확진되었고, 인후통이 있어서 음압격리실에 입원해 소염진통제 복약 등의 대증치료를 받고 호전된 상태로 6일 후에 퇴원했다. 입원 당시 혈압, 맥박, 호흡수 등 활력 징후는 안정적이었고, 입원 중 백혈구 수치는 정상이었으며, 혈액 중 염증 수치는 약간 상승한 정도였다. 입원 중 검사한 심장 표지자는 정상이었고, 가슴 부위의 방사선검사에서는 폐렴 등의 특이소견은 확인되지 않았다. 그런데 퇴원 4일 후에 주거지에서 사망한 채 발견되었다.

법의학을 전공하지 않은 의사가 시신을 검안하고 시체검안서를 발부했는데, 시체검안서상 사인을 보면 직접사인은 심근경색(의증)이며 직접사인의 원인은 코로나 감염(의증)이었다. 이 말은 이 여성이 코로나 감염으로 인해 심근경색이 발생해 사망했다는 의미다.

정말 심근경색증이 직접사인일까? 사망 즈음에 가슴통증 등 심근경색을 의심할 만한 증상을 호소했다는 증거는 없었고, 그녀는 다만 주거지에서 사망한 채 발견되었다. 코로나 19로 입원 중이었을 때도 가슴통증을 호소했다는 기록은 없었고, 심지어 입원 중에 시행한 혈액검사 중 심근경색증일 때 수치가 상승하는 심장 표지자는 정상 범위 안에 있었다.

시체검안서를 작성한 의사는 이런 사정을 몰랐을 수도 있다. 하지만 이런 사정을 알았든 몰랐든 상관없이 심근경색증으로 사망했음을 보여주는 다른 증거가 없었던 것은 마찬가지였다. 주거지에서 사망한 채 발견되었기 때문에 검안을 담당했던 의사는 급사의 흔한 원인인 심근경색을 직접사인으로 작성한 것은 아닐까. 다만 작성하는 의사도 확신할 수 없으니 뒤에 의증이라고 추가 기재했으리라.

다음 고민은 이것이었다. 코로나바이러스 감염으로 심근경색증이 발생할까? 조금 전문적인 부분일 수 있지만, 일반적으로 코로나바이러스 감염으로 심근경색증이 발생하기는 어렵다. 코로나바이러스의 감염으로 염증이 발생할 수 있고 코로나바이러스가 심장 조직에 감염을 일으킬 수 있기에 다양한 기전에 의해 심근에 염증이 발생하는 심근염은 생길 수 있다고 해도 말이다. 심근경색증의 세부 형(type)에 따라 다를 수는 있지만, 심근경색증이라면 심장에 혈액을 공급해주는 심장동맥이 막혀 발생하는 것이 전형적으로, 코로나바이러스 감염이 심근경색증의 직접 원인이라고 판단하기는 어렵다.

그런데 시체검안서는 왜 이렇게 작성되었을까? 보험금의 차이 때문에 그런 것은 아니었을까? 이유를 추측해보면 이렇다. 일반 질병 사망과 재해 사망 시 보험금에는 차이가 있다. 질병 사망일 때보다 재해 사망일 때 보험금이 더 크다. 즉 망자의 유족 입장에서는 재해 사망이 더 유리하다. 그렇게 판정되어야 더 많은 보험금을 받을 수 있기 때문이다. 지금은 그렇지 않지만, 코로나19를 신종감염병증후군으로 인정해 제1급 감염병으로 지정한 때가 있었다. 코로나19와 비슷한 코로나바이러스에 의해 발생하는 중증급성호흡기증후군(사스)은 지금도 제1급 감염병이며, 제1급 감염병으로 사망하면 질병 사망이 아니라 재해 사망으로 인정된다.

이상을 종합하면 70대 고령의 여성이 주거지에서 사망한 채 발견되었는데, 다른 외상은 없어서 급사의 흔한 원인인 심근경색증이 직접사인으로 기재되었을 것이다. 질병 사망이 아닌 재해 사망이면 보험료가 더 많고, 최근에 코로나19로 입원 치료를 받은 과거력이 있다고 하니 인과관계는 불분명하지만 심근경색증의 발생 원인으로 코로나19가 기재된 것은 아닐까 싶다. 그럼에도 불구하고 시체검안서상 사망의 근본 원인이 코로나19로 기재되었기 때문에 국가는 그녀가 코로나19로 사망한 것으로 판단했을 것이다.

내가 확인한 사례가 빙산의 일각일 수도 있고, 빙산 전체일 수도 있겠다. 빙산 전체였기를 바란다. 한편으로 생각해보면 놓칠 수 있었던 한 사례에서는 밝혔고, 반대의 한 사례를 확인했으니, 전체 통계 차원에서는 똑같은 것이니까 차이가 없다고 해야 할까. 이처럼 우리 안의 법의학은 인간의 죽음을 조사해 그 죽음을 명백히 밝히는 학문이다.

같은 사인이라도
결코 같지 않다

사인이 사망에 이른 원인이라면, 사망의 종류는 무엇일까? 사망의 원인이 의학적인 사망의 원인이라면, 사망의 종류는 법률적인 사망의 원인이라고 할 수 있다. 우리가 흔히 말하는 자살, 타살 등이 사망의 종류다. 이는 크게 내인사, 외인사, 불명의 사망으로 구분한다.

내인사는 내적 질병에 의한 사망이다. 급성심근경색증이나 폐렴으로 사망할 수 있고, 이런 질병에 의해 사망하는 것을 내인사라고 한다. 대개는 고령층에서 많지만, 그렇지 않은 경우도 많다.

손상으로 인해 질병이 발생해서 사망하는 경우도 있다. 예를 들면 넘어지는 사고로 외상성 뇌출혈이 발생했고, 수술 등의 치료로 치명적인 급성의 경과는 넘겼지만 지속적으로 악화되고 콩팥 기능 상실과 같이 치명적인 합병증이 발생해 사망할 수 있다. 이런 경우 사망에 이르게 한 직접사인은 콩팥 기능 상실이라고 할 수 있다. 하지만 콩팥 기능 상실과 인과관계가 인정되는 원인은 외상성 뇌출혈이기 때문에 이 사망은 외인사로 판단하는 것이 합리적이다. 인식할 수 있는 외부적인 요인에 의해 유발된 신체 상태의 악화에 의한 사망이라면 외인사로 판단해야 한다. 예를 들어 벌에 쏘여 과민반응으로 사망했거나 광견병에 걸린 개에 물려 사망했다면 이런 사망은 외인사로 판단하는 것이 합리적이다. 어떤 특별한 상황에서 명백하게 인식할 수 있는 외부 요인에 의해 사망한 것이기 때문이다.

반면에 외부적인 요인에 의해 신체 상태가 악화되어 사망했더라도 일상생활 중 발생한 인식하기 어려운 외부 요인에 의한 사망이라면 내인사로 판단하는 것이 합리적이다. 예를 들어 우리 신체에는 각종 바이러스에 의해 발생하는 암이 있다. 대표적으로 인체유두종바이러스(HPV)에 의해 발생하는 자궁경부암이 있다. 일상생활 중 인식할 수 없는 사이에 인체유두종바이러스에 감염되었고 수년 이상 지난 다음 이로 인해 자궁경부암이 발생해 사망했다면, 비록 벌침의 독성분이나 광견병 바이러스처럼 인체유두종바이러스라는 외부 요인에 의해 신체 악화가 발생해 사망했다고 볼 수 있더라도 이 사망은 내인사로 판단하는 것이 합리적이다.

한편, 외인사는 행위자의 관계성 판단에 따라 자살, 타살, 사고사로 나눌 수 있다. 외인사는 맞으나 자살 또는 타살 등을 구분하기 어려운 경우는 불상 사망이라고 한다.

자살은 자신에 의한 자신의 사망이다. 죽을 뜻을 품고 죽을 것을 알고 스스로 한 행위의 결과로 죽었다는 의미다. 우리나라에서 자살은 범죄로 처벌받지 않는다. 하지만 자살을 도와 살해하거나 자살을 교사 또는 방조해 타인이 자살에 이르게 하는 때는 형법 제252조에 따라 처벌받는다. 형법 제252조 '촉탁, 승낙에 의한 살인 등'에 따르면 사람의 촉탁이나 승낙을 받아 그를 살해한 자는 1년 이상 10년 이하의 징역에 처하며(제1항), 사람을 교사하거나 방조해 자살하게 한 자도 제1항의 형에 처한다.

자살의 승낙을 받았더라도 살인을 하는 것은 당연히 해서는 안 되는 살해 행위다. 자살하도록 하는 것도 동일한 처벌을 받는다. 자살의 교사는 자살할 뜻이 없는 상대에게 자살의 결의를 하게 하는 행위를 말한다. 그리고 자살 방조는 이미 자살을 결의한 사람에게 자살행위를 도와 용이하게 하는 행위다. 대표적인 예가 동반자살을 시도했다가 타인은 죽고 자신은 살아나는 경우다. 참고로 위계에 의해, 즉 속여서 이런 행위를 하면 형법 제252조가 아니라 위계 등에 의한 촉탁살인 등을 다룬 같은 법 제253조가 적용된다. 이에 의한 처벌은 살인의 죄와 같아 사형, 무기 또는 5년 이상의 징역이다.

타살은 다른 사람의 행위에 의한 나의 죽음이다. 다른 사람의 의도에 의한 나의 죽음이라고 말하지 않는 것은 의도와 상관없는 타인의 행위에 의한 나의 죽음이 있을 수 있기 때문이다. 타살과 살인은 다른 의미다. 예를 들어 폭행치사의 경우 죽이려는 의도는 없었고 혼을 내려는 등의 목적으로 때리기만 했는데 상대방이 사망에 이른 경우다. 이런 경우는 법적으로 살인의 의도가 없었기 때문에 살인죄로 규율하기 어렵다. 따라서 타살과 살인은 다른 말이다. 타살은 살인과 달리 행위자의 살해 의지가 필요한 것은 아니다.

한편, 교통사고에 의한 사망의 경우 다른 사람의 행위에 의한 나의 죽음이기 때문에 타살로 판단할 여지가 있으나 일상적인 생활 중 발생한 사망이고, 발생 가능성 등을 참고해 세계보건기구(WHO)의 분류 등을 따라 사고사로 판단한다. 그러나 살해 의도를 가지고 자동차 사고를 발생시켜 타인을 사망에 이르게 했다면 당연히 법적으로 살인죄가 적용된다. 반면에 보행자가 어두운 밤에 고속도로에서 무단횡단을 하다가 교통사고로 사망했다면 운전자는 무죄로 판단될 가능성이 크다. 이와 달리 일반적인 상황에서 교통사고에 의한 보행자 사망으로 사고성이 높은 경우의 교통사고라면 운전자에게 업무상과실치사죄가 적용될 수 있다.

이처럼 타살에 대한 법의학적 의미와 법적 의미는 다를 수 있다. 결국 사망의 종류에 대한 판단은 모든 사실을 종합해 법적으로 이루어지는 최종 판단의 성격을 갖는다. 따라서 의학적 판단과 법적 판단 사이에는 차이가 있을 수 있고, 법의학적 판단은 중간 결론의 성격을 갖는다고 할 수 있다.

사고사는 사고에 의한 사고성 사망이다. 자신의 과실에 의할 수도 있고, 자연재해에 의한 사망일 수도 있다. 그 밖에 산업재해, 의료사고 등에 의한 사망이 있을 수 있다.

다음으로 불상 사망은 내인사가 아닌 외적 원인에 의한 사망으로, 자살과 타살 등의 결정이 어려운 경우다. 대표적으로 익사의 경우 물에 빠져 사망한 것이기 때문에 내적 원인에 의한 내인사가 아니라 외인사이지만, 자신의 의도에 따른 입수인지, 실족에 의한 사고성 입수인지, 타인과 다투던 중 타인이 물에 빠뜨려 발생한 입수인지는 확인하기 어려울 수 있다. 이런 경우가 불상 사망이다.

마지막으로 사망의 종류가 불명한 사망이다. 내인사인지 외인사인지조차 구별하기 어려운 경우다. 고도로 부패된 상태로 발견된 시신이나 백골화 된 상태로 발견된 경우는 사인을 결정하기가 어렵기 때문에 사망의 종류 역시 불명할 수밖에 없다.

한편, 사인과 사망의 종류는 서로 연관되는 경우가 많다. 예를 들어 급성심근경색증의 사인에 의한 사망은 대개 내인사로 판단될 수 있다. 반면에 손이나 다리에 의한 목 조름으로 발생한 사망인 액사는 타살로 판단할 수 있다. 내가 내 목을 조르고 자살할 수 있다고 생각할 수 있겠지만 그렇지 않다. 내가 내 목을 졸라 나를 죽일 수는 없다. 내가 죽기 전에 먼저 기절해서 조르고 있는 손을 풀 수밖에 없기 때문이다.

죽음 앞에 놓이는
한 장

태산보다 무거운 한 사람이 죽었다. 삶의 생명이 다해 죽음에 이르렀을 때, 법의학적 해석이 다분히 들어가는 마지막 서류가 필요하게 된다. 사망증명서가 그것이다. 이 한 장의 서류로 삶이 다했음이 증명된다. 그리고 이 서류에는 그가 누구이며, 언제 어디에서 죽었는지, 왜 어떻게 죽었는지, 질병으로 사망했다면 언제부터 아팠는지, 질병이 아닌 원인으로 죽었다면 자살인지 타살인지 사고사인지 등이 기록된다.

사망증명서라는 말이 어색할 수 있을 것이다. 사망진단서를 잘못 쓴 것 아닌가 싶기도 할 것이다. 그러나 그렇지 않다. 사망을 증명하는 문서가 사망증명서다. 우리나라에는 사망을 증명하는 두 가지 문서가 있는데, 사망진단서와 시체검안서가 그것이다. 이들 문서로 사람의 사망이 증명된다. 여기에는 그가 누구인지, 발병 일시와 사망 일시 및 사망 장소가 어디인지 등이 기록된다. 사망의 원인과 사망의 종류가 무엇인지, 어떤 의료기관에서 언제 누구에 의해 작성되었는지도 기록된다. 사망신고는 이 서식을 이용해 1개월 이내에 처리된다.

의료법상 사망진단서와 시체검안서는 의사, 치과의사, 한의사가 작성할 수 있다. 의료법 제17조(진단서 등) 제1항에 따르면 의료업에 종사하고 직접 진찰하거나 검안한 의사, 치과의사, 한의사가 아니면 진단서, 검안서, 증명서를 작성하여 환자 또는 형사소송법 제222조 제1항에 따라 검시를 하는 지방검찰청검사(검안서에 한한다)에게 교부하지 못한다.

다만 진료 중이던 환자가 최종 진료 시부터 48시간 이내에 사망한 경우에는 다시 진료하지 않더라도 진단서나 증명서를 내줄 수 있으며, 환자 또는 사망자를 직접 진찰하거나 검안한 의사, 치과의사 또는 한의사가 부득이한 사유로 진단서, 검안서 또는 증명서를 내줄 수 없으면 같은 의료기관에 종사하는 다른 의사, 치과의사 또는 한의사가 환자의 진료기록부 등에 따라 내줄 수 있다. 그리고 이 사망진단서 및 시체검안서

■ 의료법 시행규칙 [별지 제6호서식] <개정 2021. 6. 30.>

사망진단서(시체검안서)

※ [ ]에는 해당되는 곳에 'v'표시를 합니다.

등록번호		연번호		원본 대조필인	
1) 성 명				2) 성 별	[ ]남 [ ]여
3) 주민등록번호	-	4) 실제생년월일	년 월 일	5) 직 업	
6) 주 소					
7) 발 병 일 시		년 월 일 시 분(24시간제에 따름)			
8) 사 망 일 시		년 월 일 시 분(24시간제에 따름)			

9) 사 망 장 소	주소			
	장소	[ ] 주택 [ ]의료기관 [ ] 사회복지시설(양로원, 보육원 등)		
		[ ] 공공시설(학교, 운동장 등) [ ] 도로		
		[ ] 상업·서비스시설(상점, 호텔 등) [ ] 산업장		
		[ ] 농장(논밭, 축사, 양식장 등) [ ] 병원 이송 중 사망 [ ] 기타( )		

10) 사망의 원인	(가) 직접 사인		발병부터
※ (나)(다)(라) 에는 (가)와 직접 의학적 인과관계가 명확한 것 만을 적습니다	(나) (가)의 원인		사망까지의
	(다) (나)의 원인		기간
	(라) (다)의 원인		
	(가)부터 (라)까지와 관계없는 그 밖의 신체상황		
	수술의사의 주요소견		수술 연월일 년 월 일
	해부(의사)의 주요소견		

11) 사망의 종류		[ ] 병사 [ ] 외인사 [ ] 기타 및 불상			
12) 외인사	사고 종류	[ ] 운수(교통) [ ] 중독 [ ] 추락	의도성	[ ] 비의도적 사고 [ ] 자살	
사항		[ ] 익사 [ ] 화재 [ ] 기타( )	여 부	[ ] 타살 [ ] 미상	
	사고발생 일시	년 월 일 시 분(24시간제에 따름)			
	사고발생 장소	주소			
		장소	[ ] 주택 [ ]의료기관 [ ] 사회복지시설(양로원, 보육원 등)	
			[ ] 공공시설(학교, 운동장 등) [ ] 도로	
			[ ] 상업·서비스시설(상점, 호텔 등) [ ] 산업장	
			[ ] 농장(논밭, 축사, 양식장 등) [ ] 기타( )	

의료법 제17조 및 같은 법 시행규칙 제10조에 따라 위와 같이 진단(검안)합니다.

년   월   일

의료기관 명칭 :
  주소 :

의사, 치과의사, 한의사 면허번호 제   호
성 명 :   (서명 또는 인)

유 의 사 항

사망신고는 1개월 이내에 관할 구청·시청 또는 읍·면·동사무소에 신고하여야 하며, 지연 신고 및 미신고 시 과태료가 부과됩니다.

210㎜ × 297㎜[백상지 80g/㎡(재활용품)]

사망진단서(시체검안서)

서식은 의료법 시행규칙 별지 제6호 서식에 따른다.

무언가 이상하지 않은가? 앞에서 사망증명서에는 사망진단서와 시체검안서 두 종류가 있다고 했는데 서식은 한 가지뿐이다. 서식의 제목을 보면 사망진단서와 시체검안서가 모두 기록되어 있는 것을 알 수 있다. 같은 문서라는 말일까? 사망진단서와 시체검안서가 같은 서식을 이용하고 있으니 큰 차이가 없는 것 같기도 할 것이다.

그러나 이 둘은 전혀 다른 문서로 의미부터 다르다. 하나는 '진단서'이고 다른 하나는 '검안서'다. 사망을 증명하는 문서라는 점은 같지만 이 둘은 전혀 다른 문서다.

사망진단서와
시체검안서

사망진단서는 사망을 진단하는 문서다. 질병이 진단된 다음 작성되는 다른 진단서처럼 한 개인의 사망에 대해 그의 사망이 진단된 경우 작성되는 서류가 사망진단서다.

의사가 '폐렴'이라는 한 단어를 기록한 진단서를 작성해주려면 환자가 가장 불편해하며 호소하는 증상이 기침 또는 발열과 같은 감기 증상이었고, 실제로 체온을 측정했더니 발열이 확인되었으며, 청진기로 호흡음을 들어 보니 수포음 등의 소견이 확인되어야 한다. 가슴 부위의 방사선 촬영이나 CT 검사로 허파에 병변이 있는 것이 확인되어야 하며, 혈액검사로 백혈구 수치나 염증 수치가 증가했음이 확인되어야 하고, 객담을 채취해 세균 배양 검사를 해서 폐렴의 주요 원인균이 동정되어야 한다. 아울러 적절한 항생제나 항소염제를 처방해 복용 또는 정주했더니 증상과 병변의 소견들이 호전되어야 한다. 이런 것이 확인되어야 비로소 이들을 종합해 진단서에 '폐렴'이라고 적는다.

이에 반해 사망진단서에 기록되어야 할 항목은 매우 많고 복잡하다. 얼마나 많은 정보가 확인되어야 한 사람의 사망을 진단할 수 있을까? 쉽지 않다. 게다가 사망진단서는 수정하기 어렵다는 특징도 있다. 일반적인 진단서는 잘못 작성하면 수정해서 다시 발부해주면 된다. 하지만 사망진단서는 이 서식을 통해 한 달이라는 기간 안에 행정관청에 사망신고가 이루어지고, 한 번 신고하면 돌이킬 수 없다.

그뿐만 아니라 잘못된 사망진단서로 인한 결과는 회복할 길이 없다. 다른 진단서는 다시 작성해주면 되지만 사망진단서는 그의 사망을 증명하는 것이기 때문에 이제 그는 죽은 것으로 증명되었고 그 사망진단서에 근거해서 시체는 매장되거나 화장될 수 있다. 죽은 자에게 빚이 있었다면, 이제 그는 갚을 수 없게 되었다. 죽은 자가 받을 돈이 있었다면 죽은 자에게 돈을 갚아야 하는 사람은 이제 돈을 갚지 않아도 된다. 시체 없는 살인사건은 이미 널리 알려져 있다. 잘못된 문서

한 장 때문에 발생할 수 있는 문제가 이만저만이 아니다.

반면에 시체검안서는 그 이름에서처럼 검안서로, 시체를 검안하고 그 소견을 해석해서 작성하는 서류다. 의료법에 따라 진료하고 있거나 진료한 지 48시간 이내에 환자가 사망했을 때 진료 소견에 근거해 사망을 진단하는 서류가 사망진단서이며, 이 외에 모든 죽음에서 한 개인의 사망을 증명하는 서류가 시체검안서다. 진료하던 환자가 아니기 때문에 의사가 그 사람의 사망을 진단해줄 수 없는 경우, 즉 그 사람의 사인, 사망의 종류, 사망 시각, 질병의 진단 및 질병의 기간 등을 진단할 수 없어서 그 사람의 사망을 진단할 수 없을 때 그의 사망을 증명하는 서류가 시체검안서다. 따라서 이런 경우 의사는 시체를 검안하고 시체검안서를 통해 그의 죽음을 증명해준다.

사망진단서와 시체검안서는 그 의미나 대상도 다르고 작성되는 근거도 다른데 같은 서식을 사용해도 괜찮을까? 나는 괜찮을 수 없다고 생각한다. 문서의 신뢰성에도 차이가 있을 것이다. 일반적인 질병의 진단서를 작성해주듯이 여러 가지 진료 자료가 있어 그것을 종합해 작성되는 사망진단서는 어느 정도 신뢰할 수 있다. 그런데 시체검안서는 시체의 겉모습만 보고 작성하는 서류다. 시체를 검안해서 그 사람이 누구이고, 언제 죽었고, 어디에서 죽었으며, 왜 죽었고, 어떻게 죽었고, 질병에 의해 죽었다면 질병은 언제부터인지, 질병 외에 다른 원인으로 죽었다면 자살인지 타살인지 사고사인지 시신의 겉모습만 보고 알 수 있을까?

의사는 점쟁이가 아니다. 사망진단서와 시체검안서의 신뢰성에 관한 문제는 계속 있어 왔고, 부검 후 결정된 사인이나 사망의 종류를 기준으로 사망진단서와 시체검안서가 얼마나 틀렸는지를 연구한 논문도 많다. 예상할 수 있듯이 사망진단서와 비교할 때 시체검안서에서 부검감정서의 결과와 일치도가 훨씬 더 낮았다.

그렇다면 어떻게 해야 할까? 사망진단서와 시체검안서의 서식을 분리해야 한다. 사망진단서에는 진단할 수 있는 항목들을 작성하게 해야 하고, 시체검안서는 검안을 통해 확인할 수 있는 항목들을 작성하게 해야 한다. 궁극적으로 시체검안서는 적정 법의학 수련을 받은, 법의학 자격이 있는 의사가 작성하도록 해야 한다. 한 사람의 삶에 대한 마지막을 정리하는 문서이므로 그에 맞는 무게를 가지고 작성되어야 한다.

한 장이 품은
삶에게

해부하지 않고 시신의 겉모습만 평가하는 검안으로 한 사람의 사망 전체를 판단하는 것은 매우 위험한 일이고, 한계가 있을 수밖에 없다. 그래서 부검에 대한 경험이 풍부한 의사가 시체검안서를 작성해야 한다. 부검을 통해 사망 후 시신의 겉모습과 내부 소견을 모두 평가해본 의사가 검안을 시행하고 그 소견을 해석해서 시체검안서를 작성해야 한다.

  아울러 잊지 말아야 할 것이 있다. 바른 교육이 있어야 한다. 사실 의사들도 시체검안서 작성을 부담스러워한다. 시체검안서를 작성하려면 시신을 평가하는 방법인 검안에 대한 적절한 교육을 받고 익혀 검안을 하고 그 소견을 해석할 줄 알아야 한다. 모든 의사들이 시체검안서를 작성할 수 있게 하려면 의사가 되기 전 모든 의대생들이 검안에 대한 교육을 받아야 한다. 사후변화에 대한 교육도 있어야 하고, 이런 내용에 대한 시험이 의사고시에 포함되어야 한다. 그리고 의사면허를 취득한 후에도 지속적인 연수 교육이 있어야 한다.

하지만 우리나라에 있는 40여 개의 의과대학 중에서 법의학을 전공한 교수가 근무하는 법의학교실이 존재하는 학교는 10여 곳에 불과하다. 이런 상황에 검안하는 방법을 제대로 교육하고 배우는 것은 불가능하다. 사실 이런 상황을 보고 있으면 답답하다는 생각이 든다. 더구나 의사면허를 취득하기 위해 치르는 의사고시에서 법의학은 시험 과목조차 아니다 보니 산 넘어 산이다.

법의학은 전문의 제도가 없다. 의료법 제77조 제1항을 보면 의사, 치과의사 또는 한의사로서 전문의가 되려면 대통령령으로 정하는 수련을 거쳐 보건복지부장관에게 자격 인정을 받아야 한다. 전문의는 이 조항에 의해 규율된다. 그리고 전문의의 수련 및 자격 인정 등에 관한 규정 제3조 '전문의의 전문 과목'에서 전문 과목은 내과, 신경과, 정신건강의학과, 외과, 정형외과, 신경외과, 심장혈관흉부외과, 성형외과, 마취통증의학과, 산부인과, 소아청소년과, 안과, 이비인후과,

피부과, 비뇨의학과, 영상의학과, 방사선종양학과, 병리과, 진단검사의학과, 결핵과, 재활의학과, 예방의학과, 가정의학과, 응급의학과, 핵의학과 및 직업환경의학과로 되어 있다.

우리나라에서 전문의 전문 과목은 26개로 규정되어 있으며, 이들은 병원 진료의 전공 진료 과목과 관련되어 있기 때문에 살아 있는 환자를 진료하지 않는 법의학에는 전문의 제도가 없다. 대신 대한법의학회에서는 법의학에 대한 자격 인증을 위해 법의학 인정의 제도를 두고 있다. 일정한 자격을 갖추고 시험을 통과한 의사에게 법의학 인정의 자격을 부여하고 있다. 시체검안서를 작성하는 의사라면 적어도 법의학 인정의여야 하지 않을까.

마지막 주소를 찾는 길,
개인식별

개인식별은 어떤 사람을 그 사람이라고 인정할 수 있는 방법을 다룬다. 내가 나라는 사실을 어떻게 증명할 수 있을까? 기본적으로는 겉모습을 보면 알 수 있다. 내 얼굴과 내 말과 행동, 특유의 몸짓, 습관 등을 살펴보면 내가 나인 것을 알 수 있다. 이렇게 확인하는 것을 인지식별이라고 한다. 알아보고 확인하는 것이다.

개인식별을 다루면서 개인적으로 2014년 세월호 참사를 언급하지 않을 수 없다. 세월호 참사가 발생한 지 10년이 지났다. 당시 나는 국립과학수사연구원 광주과학수사연구소에서 법의학과장으로 근무하고 있었고, 세월호 참사로 희생된 이들의 개인식별 업무를 맡았다. 충격적인 이 참사의 1차 관리는 해양경찰 몫이었기 때문에 국과수 소속인 나는 일정 시간이 지난 후에 개인식별 업무를 시작할 수 있었다. 처음부터는 아니었지만, 사건 초기부터 밤낮으로 많은 아이의 검안을 담당했고 마지막으로 확인된 아이의 검안도 내가 맡았다.

의료법에 따라 사망진단서 또는 시체검안서는 의사가 작성할 수 있고, 경찰, 검찰, 국과수 중에서 사망증명서를 작성할 수 있는 의사는 국과수에만 있었기 때문에 당연히 사건이 발생한 처음부터 국과수 법의관이 개인식별 업무를 맡는 것이 자연스럽고 당연했다. 하지만 당시에는 그렇지 못했다. 세월호 참사 초기에는 개인식별 역시 해양경찰에서 맡았고, 몇몇 문제가 발생했다.

인지식별도 개인식별의 한 가지 방법이라고 할 수 있다. 하지만 알아보고 식별한다는 것은 주관적이고 근거가 미약할 수밖에 없다. 특별히 사망한 후에 겉모습만 보고 인지식별 방법으로 개인식별을 한다는 것은 너무 불안정하다. 애지중지 키워온 자식인데 부모가 자식을 알아보지 못하겠느냐고 할 수 있겠지만, 그렇다고 해서 개인식별이 잘못되는 사고가 없지 않았다. 당시는 엄청난 스트레스 상황이었고, 모두가 우울한 때였다. 그런 상황일수록 전문가가 관여해야 한다. 그리고 개인식별에는 상대방이 있다는 점도 중요하다. 한 가족이 잘못 짝 지어지면 그에 상응하는, 가족을 찾을 수 없는 가족이 발생할 수밖에 없다. 그래서 개인식별은 신속성만큼 정확성이 중요하다. 그렇기 때문에 기다리고 기다려야 한다.

인지식별 외에 다른 방법이 있지 않을까? 물론 있다. 인지식별 외에 지문으로 개인식별이 이루어질 수 있다. 지문은 원숭이나 침팬지를 비롯한 영장류에서도 보이고 생후 4, 5개월 정도 지나면 확인할 수 있으며, 각자가 다 다르고 죽을 때까지 변하지 않는다. 특히 우리나라는 성인인 모든 국민들의 지문 데이터를 국가 차원에서 관리하고 있기 때문에 지문으로 빠르고 정확하게 개인식별이 이루어질 수 있다. 자동 지문분류 시스템(AFIS)을 통해 수 시간이면 신원을 확인할 수 있다. 그러나 세월호 참사 때는 많은 수의 희생자가 고등학생이었기 때문에 지문 데이터가 없었고, 지문으로 개인식별을 할 수도 없었다.

요즘에는 실종 아동 방지 등의 목적으로 미성년자나 연령과 상관없이 정신장애인, 치매 환자 등의 경우 지문을 등록할 수 있다. 경찰청 홈페이지에서 지문 사전등록을 신청하고 파출소에서 지문을 등록할 수 있다.

인지식별이나 지문을 통한 개인식별이 어려운 경우 DNA 검사를 통해 개인식별을 할 수 있다. 우리 몸을 이루고 있는 약 30조 개의 세포 중 핵이 있는 세포 안에는 개인의 특성을 나타내는 DNA가 모두 들어 있고, 이들 세포에서 개인마다 서로 다른 DNA 특정 부분을 확인하면 세포별로 개인식별을 할 수 있다. DNA를 이용한 개인식별은 매우 특이적이어서, 일란성 쌍둥이가 아니라면 이번 생에서 나와 같은 DNA 형태를 보이는 나 말고 다른 사람을 만날 일은 없다.

DNA 검사로 이춘재 연쇄살인사건의 범인이 밝혀졌으며, 2021년 구미 여아 유기 사망사건에서 외할머니가 친모로 밝혀지기도 했다. 그러나 DNA 검사가 어려운 경우도 있다. 예를 들어 고도로 시신이 부패된 경우나 화재로 인해 탄화가 진행된 시신에서는 DNA 검사가 어려울 수 있다.

DNA를 이용한 개인식별이 잘 알려져 있고, 개인식별에서 DNA 검사의 변별력도 강하다. 이 때문에 흔히 개인식별이라고 하면 누구나 DNA 검사를 떠올리고, 개인식별은 DNA 검사를 수행하는 연구자가 하는 것으로 짐작하곤 한다. 하지만 DNA 검사를 이용한 개인식별에도 한계가 있을 수 있으며, DNA 검사가 적절하게 이루어지려면 시신에서 적절한 검체를 채취하는 것이 중요하다.

개인식별 분야에서 이런 역할을 하는 사람이 법의병리학자다. 따라서 법의병리학자는 검안이나 부검을 시행하면서 시신의 상태 등을 고려해 DNA 검사를 위한 적절한 검체를 채취하고 검안 및 부검을 진행하면서 개인식별에 이용할 수 있는 시신의 특징을 확인한다. 예를 들어 흉터나 문신 및 특정 손상의 증거를 확인한다든지 몸 안에 삽입된 인공물질 등을 확인할 수 있다. 관절 치환 수술을 받은 사람이라면 부검을 통해 인공관절을 확인하고 삽입된 인공관절에서 일련번호를 확인하는 방법으로 개인식별을 할 수 있다.

이와 관련해 세월호 참사와 이에 따른 유병언 씨의 시신 확인 사건이 있었다. 당시 많은 의혹이 제기되었지만, 과학적인 근거를 부정하는 것은 바람직하지 않다. 그 시신은 고도의 부패와 사후 손괴가 진행된 상태였다. 따라서 DNA 검사가 쉽지 않았고, 뼈를 이용해서 DNA 검사가 이루어져야 했기 때문에 DNA 검사로 개인식별이 이루어지기까지 상당한 시간이 걸렸다. 그렇다고 그 결과를 부인할 수는 없고, 그 외에도 체격을 비롯해 과거 치과 치료 기록 및 손가락의 특징 등 모든 법의학적 결과가 그 시신이 유병언이라는 사실을 증거했다.

치아의 특성이나 치과 치료를 받은 흔적 등을 살펴 개인식별하는 것은 법치의학의 영역이다. 치아는 신체조직 중에서 가장 강하며, 특히 고온의 화재로 신체 손상이 심한 경우에도 치아는 남아 있을 수 있다. 이 때문에 치아를 이용한 개인식별 방법은 유용하다.

개인 한 명의 문제를 넘어 가족관계를 확인하는 데 사용될 수 있는 개인식별은 한 사람의 존재를 인정하고 그가 누구인지를 밝혀 사회 안에서 그의 관계성을 회복시키는 역할을 한다. 이렇게 그가 누구이고 누구의 가족인지 확인될 때 비로소 그 시신의 물건성은 옅어지고 그는 존엄한 사람의 시신으로서 우리에게 다가온다. 그리고 이런 개인식별을 통해 우리는 사망사건에 따른 상처를 치유하고 유족을 위로한다.

다음의 〈기다림〉이라는 제목의 시는 돌아가신 선배 법의관께서 세월호 참사 당시 대량 재해 관련 책자를 만들며 지은 것이다. 그분은 1995년 삼풍백화점 붕괴 사고 때부터 세월호 참사에 이르기까지 법의학의 개인식별 분야에 모든 열정을 다하고 우리나라 개인식별 분야의 토대를 세우고 닦았다.

우리는 당신이 거기에 있던 것을 압니다
밝은 웃음과 벅찬 기대와 희망을 갖고 떠난 당신이
거기에 있던 것을 압니다

우리는 당신이 거기에 있던 것을 압니다
기울어져 가는 선실이 되돌려지리라고 믿으며
차오르는 물길 속에서도 다른 사람을 걱정했던 당신이
거기에 있던 것을 압니다

우리는 당신이 거기에 있던 것을 압니다
차디찬 물속에서 사랑하는 가족을 보고 싶어하며
다른 이가 와서 구해줄 것이라고 믿었던 당신이
거기에 있던 것을 압니다

어느덧 시간은 흘러갔습니다……
몸이 부서져 가면서도 가족을 보고 싶어했던 당신
영혼이라도 꼭 사랑하는 이를 만나겠다고 다짐했던 당신

우리는 당신이 거기서 나왔을 때 만났습니다.

부서진 육신이지만 소중한 인연으로 만난 당신을
애타게 기다리는 가족 품으로 보내드렸습니다

우리는 아직도 당신이 거기에 있는 것을 압니다.
그러기에 마지막 한 사람까지 기다리겠습니다
당신을 애타게 그리는 소중한 가족 품으로 보내드리겠습
니다

우리는 당신이 멀지만 가까운 곳에 있을 것을 압니다
사랑하는 가족의 따뜻한 마음을 느낄 수 있는 곳
편안한 곳에서 못 다 한 꿈을 이룰 수 있는 곳

우리는 아직도 당신이 거기에 있는 것을 압니다
그러기에 우리는 아직도 당신을 기다리고 있습니다

죽은 자의 말을 듣는 눈

———— 주검이 말하는 죽음의 시간

인간이 인간으로
존재하는 순간

인간의 생명은 언제부터 시작할까? 이 질문에 대한 답은 어렵지 않다. 정자와 난자가 만날 때 한 인간의 생명이 시작한다고 답할 수 있다. 질문을 조금 바꿔보자. 언제부터 인간이라고 할 수 있을까?

정자와 난자가 만나 수정란이 될 때부터 인간이라고 할 수 있을까? 아니면 수정란이 모체의 자궁내막에 착상하기 시작할 때인 수정 후 7일 정도부터 인간이라고 할 수 있을까? 아니면 조금 더 시간이 지나 대부분의 기관이 형성되기 시작하는 수정 후 3주부터일까? 또는 기관 대부분이 형성을 마무리하고 태아라고 불리는 수정 후 10주부터 인간이라고 할 수 있을까?

임산부는 10주까지는 조심해야 하고, 임신 3개월이 지나가면 안정기에 접어든다. 수정 후 10주인데 3개월(12주)이라고 하는 것은 우리가 흔히 말하는 임신주수는 수정 전 2주를 더해 계산하기 때문이다. 수정이 언제 이루어졌는지를 명확히 알기는 어렵지만, 수정이 이루어지기 직전에 여성의 마지막 월경 첫날은 명확히 알 수 있기 때문에 그날을 기준으로 임신주수를 계산한다.

아니면 태아가 자궁 밖에서도 생존할 가능성이 있는 24주 정도 후부터 인간으로 인정하는 것이 합리적일까? 그런데 태아 생존이라는 24주의 기준도 의학이 발전함에 따라 바뀔 수 있다는 맹점이 있다.

어려운 문제다. 인간의 생명을 수정될 때부터 보느냐, 아니면 자궁내막에 착상된 시점부터 보느냐에 따라 임신 초기 착상 방지 수단을 통해 생명 발생을 억제하는 방법이 피임법 중 하나가 될 수도 있고, 인공임신중절 방법 중 하나가 될 수도 있다. 수정될 때부터를 인간의 시작이라고 본다면, 자궁내막에 착상하지 못하게 하는 피임법, 예를 들어 자궁 안에 경증의 염증을 일으켜 수정란의 착상을 방해하는 자궁내장치는 이미 수정이 이루어진 다음 자궁내막으로의 착상을 방해하는 것이기 때문에 피임이 아니라 인공임신중절이라고 할 수 있다. 반대로 모체의 자궁내막에 착상될 때부터 인간이라면, 자궁내장치를 통해 착상을 방지하는 것은 인간 이전에 인간 발생을 억제하는 방법이므로 피임이라고 할 수 있다.

첫 단계인 수정될 때부터 인간이라고 할 수 있을까? 어찌 보면 가장 간단해 보이지만 이것도 수월하지 않다. 수정되는 때를 언제로 해야 할지 문제가 남아 있다. 정자와 난자가 만날 때일까? 정자의 핵이 난자의 핵과 만날 때일까? 두 핵이 합쳐져 하나의 핵이 될 때일까? 수정은 약 48시간에 걸쳐 서서히 일어나는 사건이다. 이 48시간 중에서 언제부터를 인간이라고 할 수 있을까?

하나의 핵을 이루고 분열을 시작하면 인간이라고 할 수 있을까? 이것도 쉽지 않다. 접합자, 즉 수정란이 형성된 후 분열을 시작하면 2세포기, 4세포기, 8세포기, 16세포기, 32세포기, 64세포기 등등 수정된 세포가 늘어나는데, 이 상태의 세포들 모두가 인간이 되는 것도 아니다. 오히려 많은 수의 세포들은 태반 조직으로 분화하고 이 중 일부가 인간 태아를 형성한다. 따라서 이런 세포기 상태를 인간 생명체라고 하기도 어렵다. 그리고 어느 때는 이들 세포가 나뉘어 일란성 쌍

둥이가 되기도 한다. 따라서 이 시기는 아직 한 인간이라고 단정하기 어려운 때라고 할 수도 있다. 게다가 이 상태의 약 50% 정도는 자궁내막에 착상되지 못하고 질 밖으로 배출되어 자연유산이 되기도 한다.

착상될 때부터 인간으로 인정하는 것은 어떨까? 정자와 난자가 만나 수정이 이루어진 후 접합자는 약 7일 정도는 나팔관을 이동해 1주일쯤 후에 자궁내막에 부착되어 착상이 진행된다. 그러나 착상도 어느 한 순간 이루어지는 것이 아니다. 자궁내막과 만나는 때부터 인간이라고 할 수 있을까? 아니면 자궁내막과 완전한 결합이 이루어진 때부터일까? 착상이 완성되는 것에도 1주일 정도가 소요된다. 즉 수정 후 2주일 후쯤이어야 착상이 완료된다. 게다가 착상을 인간이 시작되는 때로 판단하는 것에는 다른 문제가 있는데, 그것은 여성의 몸에서 배란되는 시기를 특정하기 어렵다는 점이다. 그래서 임신주수를 계산할 때도 배란 날부터 계산하지 않고 배란 전 마지막 월경의 시작 날로 계산한다. 따라서 막연히 마지막 월경이 시작하는 날로부터 4주가 지난 다음을 인간의 시작이라고 판단하기도 어렵다.

법의학으로 보는
인간의 시작

2022년 미국 연방대법원에서는 임신 15주 이후 임신 중단을 전면금지한 미시시피주법에 대한 위헌법률심판에서 6 대 3으로 합헌 판결을 내렸다. 이 판결로 개별 주에서 임신 중단을 금지할 수 있게 되었다. 이전에는 1973년 연방대법원이 7 대 2의 의견으로 여성의 임신 중단 권리가 보호되어야 한다고 판결했다. 이것이 유명한 '로 대 웨이드' 판결이다. 이 판결에 의해 임신을 3분기로 구분해 초기 3개월 기간에는 임신 중절이 가능했다. 로는 낙태를 허용해달라며 주 법에 대한 위헌소송을 제기하며 주 검사 웨이드를 상대로 소송을 제기했다. 2022년 연방대법원의 판결로 여성의 낙태권에 대한 연방 차원의 헌법적 보호가 폐지된 것이다.

지난 2019년 4월 11일, 우리나라의 헌법재판소는 형법 제269조 제1항(자기낙태죄)과 제270조 제1항(의사낙태죄)에 대해 헌법불합치결정을 내렸다. 이 결정에 따르면 임신, 출산, 육아는 여성의 삶에 근본적이고 결정적인 영향을 미칠 수 있는 중요한 문제이고, 따라서 임신한 여성이 자신의 임신을 유지 또는 종결할지 여부를 결정하는 것은 스스로 선택한 인생관, 사회관을 바탕으로 자신이 처한 신체적·심리적·사회적·경제적 상황을 깊이 고민한 결과를 반영한다. 이를 전인적(全人的) 결정으로 본 헌법재판소는 일방적으로 낙태를 금지하고 있는 형법은 헌법에 합치하지 않는다고 결정했다. 동시에 2020년 12월 31일을 기한으로 개정 입법이 이루어져야 하며, 그때까지 한시적으로 이 조항의 효력을 인정한다고 판시했다. 그러나 개정 입법은 그 이후로도 이루어지지 않았고, 낙태죄는 2021년 1월 1일부터 효력이 상실된 상태다.

법적으로, 그리고 법의학이 보는 인간 생명의 시작은 언제일까? 법적으로 인정되는 인간의 시작은 법에 따라 차이가 있는데, 민법에서는 태아가 출생해서 모체로부터 전부 노출되는 때를 기준으로 삼는다. 권리와 의무의 주체가 될 수 있는 권리능력을 갖는 자연인은 특수한 경우를 제외하고는 태아가 모체로부터 전부 노출한 때부터 인정하는 것이 일반적이고, 이를 전부노출설이라고 한다. 반면에 형법에서는 모체와 분리되기 전에 진통이 있으면서 분만이 시작된 때부터 태아를 인간으로 인정하고 있다. 이는 민법에서보다 조금 더 일찍 인간으로서의 생명을 보호하고자 하는 의도로 보인다. 형법에서 출생 시기가 중요한 이유는 이것이 낙태죄와 살인죄를 구분하는 기준이 되기 때문이다.

형법 제269조(낙태)

(제1항) 부녀가 약물 기타 방법으로 낙태한 때에는 1년 이하의 징역 또는 200만 원 이하의 벌금에 처한다.

(제2항) 부녀의 촉탁 또는 승낙을 받아 낙태하게 한 자도 제1항의 형과 같다.

(제3항) 제2항의 죄를 범하여 부녀를 상해에 이르게 한 때에는 3년 이하의 징역에 처한다. 사망에 이르게 한 때에는 7년 이하의 징역에 처한다.

형법 제270조(의사 등의 낙태, 부동의 낙태)

(제1항) 의사, 한의사, 조산사, 약제사 또는 약종상이 부녀

의 촉탁 또는 승낙을 받아 낙태하게 한 때에는 2년 이하의 징역에 처한다.

(제2항) 부녀의 촉탁 또는 승낙 없이 낙태하게 한 자는 3년 이하의 징역에 처한다.

(제3항) 제1항 또는 제2항의 죄를 범하여 부녀를 상해에 이르게 한 때에는 5년 이하의 징역에 처한다. 사망에 이르게 한 때에는 10년 이하의 징역에 처한다.

(제4항) 전 3항의 경우에는 7년 이하의 자격정지를 병과한다.

형법 제250조(살인, 존속살해)

(제1항) 사람을 살해한 자는 사형, 무기 또는 5년 이상의 징역에 처한다.

(제2항) 자기 또는 배우자의 직계존속을 살해한 자는 사형, 무기 또는 7년 이상의 징역에 처한다.

규칙적인 진통이 시작되기 전에 태아를 살해하면 낙태죄가 적용되고, 분만이 시작된 이후 의사가 분만 중인 태아를 살해하면 그 태아는 인간으로 인정되어 낙태죄가 아니라 업무상과실치사죄가 적용된다. 태아가 아닌 사람이 사망한 것이니 치사죄이고, 의도하지 않은 과실에 의한 사망이기 때문에 과실치사죄가 적용되며, 분만이라는 의사의 업무 중에 벌어진 일이기 때문에 업무상과실치사죄가 적용된다.

형법 제267조(과실치사)
과실로 인하여 사람을 사망에 이르게 한 자는 2년 이하의 금고 또는 700만 원 이하의 벌금에 처한다.

형법 제268조(업무상과실 · 중과실 치사상)
업무상과실 또는 중대한 과실로 사람을 사망이나 상해에 이르게 한 자는 5년 이하의 금고 또는 2천만 원 이하의 벌금에 처한다.

따라서 법의병리학자는 태아나 신생아의 시신이 발견되면 태아의 재태주령(임신주수)을 추정해야 하고, 태아 또는 신생아가 죽은 상태에서 분만되었는지, 분만 중 사망했는지, 또는 출산 후 사망했는지를 평가해야 한다. 물론 이런 평가는 쉽지 않다. 태아 및 신생아의 특성을 알아야 하고, 부검 및

사후검사로 이를 평가하고 해석할 수 있어야 한다. 또한 생활
반응을 알아야 하고, 그 소견을 해석할 수 있어야 한다. 생명
이 언제부터 시작되었는지를 확인하기 위해서도 법의학자의
눈이 필요하다.

생활반응으로
읽는 그날

법의학의 눈으로 보는 살아 있는 인간은 생활반응이 있는 인간이다. 생활반응이란 살아 있는 생체로서 외부와 내부의 자극에 대한 생물학적 반응을 말한다. 생활반응의 대표적인 경우가 치유 반응이다. 치유는 살아 있는 사람의 특징이다. 당연하게도 죽은 사람에서는 치유 작용이 나타나지 않는다. 죽은 사람은 뇌를 이루고 있는 신경세포는 물론이고 심장을 이루는 심근세포에서 피부의 모낭세포에 이르기까지 신체를 이루는 모든 세포에서 생명 활동이 마무리되었으므로 치유라는 작용이 나타날 수 없다. 치유와 같은 반응은 살아 있는 생체에서 이루어지고, 이런 생명 작용을 확인하는 것이 법의학에서 죽은 자의 말을 듣는 방법 중 하나다.

주택에서 화재가 발생했다고 가정해보자. 소방관이 화재를 진압했고, 내부를 살펴보니 불에 탄 시신이 발견되었다. 불에 탄 시신을 법의학에서는 탄화시체라고 하는데, 탄화시체가 발견되었을 때 우선 탄화시체의 신원을 확인하는 것이 중요하다. 시신의 특징을 확인하고, 가능하다면 DNA 검사로 신원을 확인할 수 있다.

다음으로 중요한 것은 그가 살아 있을 때 화재가 발생했는지 사망한 후에 화재가 발생했는지를 구분하는 것이다. 살아 있을 때 화재가 발생했다면 전기적 문제 등 사고에 의해 화재가 발생했을 가능성을 먼저 고려할 수 있겠지만, 만약 죽은 후에 화재가 발생했다면 누군가 그를 살해한 후에 살해 현장을 감추고 증거를 인멸하기 위해 방화했을 가능성을 먼저 생각해야 하기 때문이다.

살아 있는 상태에서 불이 났다면, 열에 대한 반응으로 피부에 화상을 입었을 것이다. 피부에 발적의 변화가 나타나고 수포가 발생하는 등의 생활반응이 있었을 것이다. 살아 있는 생체로서 숨을 쉬었을 것이므로 기도 안에는 그을음이 묻어 있을 것이다. 화재 현장에서는 일산화탄소가 발생했을 것이므로 일산화탄소를 들이마셨을 테고, 일산화탄소는 허파꽈리 안에서 혈액 안으로 흡수되어 혈액에 있는 헤모글로빈과 결합해 혈중 일산화탄소-헤모글로빈 농도가 증가했을 것이다.

법의학자는 이런 소견을 검안, 부검 및 사후 검사들을 통해 확인하고 종합해 해석함으로써 탄화시체로 발견된 사람이 사망하기 전에 화재가 발생했는지 사망한 후에 화재가 발생했는지 죽은 사람의 말을 들을 수 있다. 부검은 '스스로 봄'으로써 죽은 사람의 무언(無言)의 말을 듣는 것이다.

이런 생활반응은 국소적 생활반응과 전신적 생활반응으로 나눌 수 있는데, 국소적 생활반응으로 상처 부위의 치유 및 손상 부위의 출혈을 예로 들 수 있고, 전신적 생활반응으로는 색전증이 대표적이다.

시신이 칼에 찔리면 피가 날까? 결론부터 말하면, 칼에 찔리더라도 시신에서는 피가 나지 않는다. 그래서 출혈은 생활반응으로 인정된다. 피가 나는 출혈은 심장이 뒤에서 펌프 작용을 해서 피를 밀어주고 그 힘으로 손상된 혈관을 통해 피가 밖으로 빠져나오는 것을 말한다. 따라서 심장이 펌프 작용을 하지 않는 시신에서는 피가 나지 않는다. 잘린 혈관을 통해 그곳에 고여 있던 혈액이 조금 흘러나올 뿐이며, 이런 혈액은 주위 조직으로 스며들지 못한다.

시신에서 다양한 상처가 확인되었는데, 일부는 출혈이 동반되지 않은 상처이고 일부는 출혈이 동반된 상처가 있다면, 이 중에서 출혈이 동반된 상처가 사망 전에 입은 상처이자 사인이 될 수 있다. 유사하게 심폐소생술에 의해 발생한 갈비뼈 골절 등의 손상에서는 출혈이 미약한 것이 특징이다. 물론 죽은 사람으로부터 이런 이야기를 들으려면 그들과 오래 마주한 법의학자의 눈과 손길이 필요하다.

　사람이 죽으면 피가 굳을 것으로 짐작하기 쉽다. 피가 굳는다는 것은 어떻게 정의하느냐에 따라 다를 수 있다. 하지만 살아 있는 사람에게서 피가 날 때 발생하는 혈액의 응고를 피가 굳는다고 표현한다면, 죽는다고 해서 피가 굳지는 않는다. 때문에 살아 있는 사람의 혈관에서 주사기를 이용해 혈액을 채취하듯 시신에서도 주사기를 이용해 사후 혈액을 채취할 수 있다. 사망한 사람에게서 혈액응고가 일어나지 않는 이유는 혈액의 응고 반응이 일어나는 것에도 에너지가 사용되기 때문이다. 죽은 사람의 죽은 세포는 에너지를 만들어낼 수 없다. 따라서 에너지가 사용되는 혈액의 응고 반응은 죽은 사람의 혈액에서는 일어날 수 없다.

　전신적 생활반응인 색전증은 혈관 안에 있는 어떤 물질이 혈관의 먼 곳으로 가서 직경이 좁은 작은 혈관 안의 공간을 막는 것을 말한다. 이런 물질에는 여러 가지가 있을 수 있는데, 혈관 안에서 형성된 혈전일 수 있고, 외부에서 손상된 혈관 안으로 들어간 공기나 지방조직일 수도 있다. 병원에서 정맥에 수액을 연결하는 시술을 받고 나서 수액 줄 안에 있는 공기를 제거하는 모습을 본 적 있을 것이다. 이런 처치는 혈관에 공기가 주입되면서 생기는 공기색전증을 예방하기 위한 행위다. 물론 이 정도의 공기는 몸 안에 들어가도 문제를 일으키지는 않는다.

색전증 역시 심장박동으로 인해 피가 순환할 때 일어나는 일이기 때문에 생활반응이라고 할 수 있다. 시신에서 색전증에 의한 소견이 확인된다면, 이는 사망 전에 발생한 것이다.

법의학과
생명의 끝

치유는 살아 있는 사람의 특징이다. 당연하게도 죽은 사람에서는 치유 작용이 나타나지 않는다. 내 세포까지 모든 생명 활동이 마무리되었으니 치유라는 작용이 나타나지 않는다. 그렇다면 죽었다는 것은 무엇일까? 언제부터 죽었다고 할 수 있을까?

죽음과 죽음의 시기를 정의하는 것은 추상적일 수 있으므로 구체화해서 심장을 들여다보자. 심장 상태는 심전도검사로 알아볼 수 있는데, 심전도가 어떤 상태여야 심장이 멈추었다고 할 수 있을까? 우리가 의학 드라마나 영화에서 흔히 보듯 심전도검사에서 어떤 파형이 나오지 않고 일자 모양의 선이면 심장이 멈추었다고 한다.

그런데 영화나 드라마에서 심전도검사에서 일자를 보이면 의사들이 어떻게 했는지 기억나는가? 심전도에서 일자 모양의 선을 나타내면서 파형이 나오지 않아도 의사가 바로 사망선고를 하지는 않았을 것이다. 의사가 다급한 모습으로 두 손을 모아 환자의 가슴 부위를 압박하기 시작했을 것이다. 심전도에서 일자의 형태가 나타나면 심장이 멈춘 것이고, 심장이 멈추었다면 환자는 죽은 것이니 사망선고를 하면 될 텐데 왜 가슴압박을 할까?

심전도가 일자 모양이 되었다고 해서 심장이 멈추었다거나 심장이 죽었다고 할 수 없다. 심전도는 말 그대로 심장의 전기신호를 나타내 보여주는 것이다. 엄격하게 말하면 심전도가 일자 모양이 되었다는 것은 심장에서 전기신호가 없어졌다는 것을 의미한다. 물론 심장이 죽으면 심장에서 전기신호가 나타나지 않을 것이다. 그러나 그것이 심장이 죽었다는 필요충분조건이 되는 것은 아니다. 심장을 이루는 수많은 심근세포 중에서 일부는 죽었을지 모르지만, 심장의 전기신호가 나오지 않는다고 해서 심장 전체가 죽었다고 할 수는 없다.

이와는 반대로 심장에서 전기신호가 나오기는 하지만 맥박이 없는 경우도 있다. 이런 형태의 전기신호를 무맥성 전기

활동(PEA)이라고 한다. 의사들은 심전도가 일자 모양을 보이면 흉부를 압박해 심장을 억지로 뛰게 함으로써 심장을 이루는 심근세포들에게도 스스로 피를 공급하고 다른 장기에도 피를 공급할 수 있도록 한다. 가슴을 압박하는 것은 다른 한편으로는 심장을 물리적으로 자극해서 심장의 전기신호가 돌아올 수 있도록 유도하는 것이기도 하다.

이렇게 해서 심장의 전기신호가 돌아오면 그때 전기충격을 진행한다. 심장의 전기신호가 돌아왔지만 대부분의 경우 정상적인 전기신호가 아닌 이상한 형태로 돌아오기 때문에 특정 부정맥 상태로 심장의 전기신호가 돌아왔을 때 강한 전기자극을 줘서 전기신호를 리셋한다. 이것이 흔히 말하는 전기충격(제세동)이다. 세동(떨림)이라는 부정맥 상태를 제거하는 것이다.

2016년 영화 〈닥터 스트레인지〉를 보면, 주인공 닥터 스트레인지가 사경을 헤맬 때의 모습이 나온다. 심폐소생술이 행해지고, 그의 영혼으로 생각되는 반투명해진 닥터 스트레인지가 악당과 싸우는 모습이 나온다. 한참 동안 그런 상태로 날아다니면서 싸우다가 심폐소생술 및 제세동으로 심장이 정상 리듬을 찾으면 날아다니던 영혼은 다시 육체와 결합되고,

그는 살아난다. 죽음의 가역성(可逆性)을 보여주는 장면이다. 심폐정지라는 죽음의 정의에서 심정지는 이런 과정을 두고 하는 말이다.

그렇다면 심폐소생술은 얼마 동안 해야 할까? 다른 말로 바꾸면 사망선고는 언제 해야 할까? 심장의 전기신호가 사라져 가슴 압박 등 심폐소생술을 시행했는데, 하염없이 심폐소생술을 지속할 수는 없다. 30분이면 적당할까, 아니면 1시간 정도? 심폐소생술을 언제까지 해야 한다는 원칙은 없다. 다만 심폐소생술을 시행하는 의사가 자신의 경험과 지식으로 환자의 심장이 돌아오지 않을 것으로 판단될 때까지다. 언제부터 사람인지 단정해 말하기 어려웠던 것처럼 사람의 죽음 역시 칼로 무 자르듯 어느 특정 순간부터라고 하기 어렵다. 이처럼 진행되는 과정을 통해 심폐정지가 완성된다. 즉 이런 과정을 통해 사람은 죽는다.

혹시 죽은 후에 시신에서 수염이 자랐다는 말을 들어본 적이 있는가? 죽은 사람인데 어떻게 수염이 자라느냐고 되물을 수 있겠다. 그런데 돌아가신 분을 염하면서 깨끗하게 면도해 드렸는데, 사흘 후 매장하기 전에 마지막으로 보니 수염이 조금 자란 듯하다는 이들도 있다. 정말 이런 일이 있을까? 생각해보면 그럴 수 있다.

죽음은 어느 한 순간이기보다는 일정한 과정을 거치며 일어나는 현상이다. 심폐가 정지되고, 그다음 다른 장기들이 죽는다. 장기 안에서도 특정 조직들이 먼저 죽고 다른 어떤 조직들은 나중에 죽는다. 조직 안에서도 특정 세포들은 먼저 죽고 어떤 다른 세포들은 나중에 죽는다. 우리가 흔히 골든타임이라고 부르는 시간도 장기에 따라 각각 다르다. 급성심근경색증의 골든타임은 흉통이 발생하고 나서 2시간 이내이며, 뇌경색의 경우 골든타임은 4, 5시간 정도다.

우리 몸에서 혈액을 가장 많이 사용하는 장기도 다르다. 뇌와 간, 콩팥 등의 장기가 심장으로부터 뿜어져 나온 혈액을 가장 많이 받는다. 우리 몸무게를 평균 75㎏이라고 하면 뇌는 약 1,500g으로 전체 몸무게의 2%밖에 되지 않지만 혈액의 약 20%를 공급받는다. 그러나 피부에 있는, 털을 만드는 모낭세포는 상대적으로 혈액을 조금밖에 받지 않고, 이런 세포들은 당장 피가 오지 않는다고 해서 바로 죽지 않을 수 있다. 심장은 멈추었지만 이런 세포들은 여전히 살아 있어 한동안 털을 만들 수도 있다. 그렇다면 죽은 후에 시신에서 수염이 자랐다는 말이 사실이지 않을까.

다른 설명도 가능하다. 사람이 사망하면 피부는 건조되고 근육은 수축한 상태로 굳어진다. 피부는 건조되어 쪼그라들고 털세움근은 수축한 상태로 굳어지면 털이 자란 것처럼 보일 수도 있겠다.

마음의
행방

마음은 어디에 있을까? 과학적으로 따지면 마음은 뇌의 작용이라고 해야 한다. 그런데 마음을 짚어보라고 할 때 손으로 머리를 짚는 사람이 있을까? 대부분은 자신의 가슴에 손을 얹을 것이다.

우리 몸에는 여러 기관이 존재한다. 우리가 알듯이 생명의 기본 단위는 세포다. 형태와 기능이 비슷한 세포들이 모여 조직을 이룬다. 예를 들어 피부를 이루는 상피조직, 뇌를 이루는 신경조직 등이다. 이런 여러 조직이 모여 특정한 형태를 이루고, 이들이 고유한 기능을 수행하면 기관이라고 한다. 심장, 뇌, 허파 등이 기관이다. 여러 기관이 모여 서로 일관된 작용을 해서 공통된 기능을 감당하면 이를 기관계라고 한다. 소화계는 식도, 위, 작은창자, 큰창자, 간, 쓸개 등의 기관들이 모여 음식물을 섭취하고 소화시켜 흡수하는 기능을 감당한다. 그 외에도 신경계, 순환계, 호흡계 등의 기관계들이 모이면 하나의 개체가 된다. 우리 몸은 이렇게 이루어져 있다.

우리 몸에는 여러 기관이 존재한다. 몸을 구성하는 많은 기관들 중에서 가장 헌신적인 기관은 무엇일까? 모든 기관이 저마다 헌신적이라 할 수 있겠지만, 나는 우리 몸에서 가장 헌신적인 기관은 심장이라고 생각한다. 흔히 심장이 멈추면 죽었다고 하지 않는가.

20년이 더 되었을 때다. 의과대학 본과 1학년일 때 소아심장학을 강의하던 교수님께서 수업 시간에 하신 말씀이 생각난다.

"우리 몸에서 심장만큼 헌신적인 기관은 없다."

미국심장학회에 따르면 사람의 심장박동은 1분에 60회에서 100회를 뛰는 것이 정상이다. 이는 성인 기준이고, 어릴 때 심장은 더 빨리 뛴다. 평생 1분에 평균적으로 80회를 뛴다고 가정하면 1시간은 60분이고, 하루는 1,440분이고, 1년은 52만5,600분이다. 사람이 80년을 산다고 가정하면 80년은 4,200만 분이니 심장은 평생 34억 번 이상 뛰는 것이다. 잠시도 쉬지 않고 이렇게 뛸 수 있는 심장은 참 대단하다.

사실 헌신적인 심장은 어릴 때뿐만 아니라 운동을 하거나 스트레스를 받을 때도 평소보다 더 빨리 뛴다. 따라서 약 34억 번이라는 수치는 상당히 적게 잡은 셈이다. 살아 있는 시간 동안 단 한 순간도 심장이 뛰지 않는 순간은 없다. 엄마 뱃속에 있다가 이 세상에 처음 나와서 울 때부터 마지막에 눈을 감는 순간까지 말이다. 심지어 엄마 뱃속에 있을 때부터 심장은 뛰고 있다. 게다가 심장박동은 매우 규칙적이기까지 하다.

그런데 이 심장이 대충 뛰는 것도 아니다. 흔히 정상혈압은 수축기혈압 120㎜Hg(밀리미터수은주), 이완기혈압 80㎜Hg라고 한다. 이 말은 심장이 한 번 수축해서 혈액을 대동맥으로 뿜어낼 때 수축하는 압력이 120㎜Hg 정도라는 뜻이다. 물론 운동을 하거나 스트레스를 받으면 더 높은 압력으로 피를 뿜어낸다. 고혈압이 있다면 운동하거나 스트레스를 받지 않아도 늘 더 높은 압력으로 심장이 수축하고 있다는 것이다.

그런데 이 120㎜Hg는 보통 압력이 아니다. 17세기 과학자 토리첼리는 수은을 넣은 수조에 1㎠ 단면적을 가진 1.2m의

유리관을 세워, 유리관의 760㎜까지 올라가는 기압을 1기압으로 정의했다. 수은의 비중이 13.6 정도이기 때문에 수은이 아니라 물을 이용했다면 물기둥은 10m 이상 올라갔을 것이다. 1기압인 곳에서 우리가 지금 이 순간에도 머리 위에 이고 있는 하늘 끝에서부터의 공기 무게가 이 정도인데, 심장이 뛰고 있는 혈압 120㎜Hg를 물기둥으로 바꾸면 심장이 한 번 뛸 때 약 1.6m 물기둥을 만들 정도로 수축하고 있는 것이다. 평생 동안 1.6m의 물기둥을 최소한 34억 번 만들고 있다니 놀라지 않을 수 없다.

더 놀라운 것은 이렇게 엄청난 일을 하고 있는 심장의 크기가 생각보다 작다는 점이다. 다음 그림은 스페인 화가 엔리케 시모네가 1890년에 그린 것으로, 작품 이름은 〈부검〉 또는 〈심장의 해부〉다.

이 그림을 보면, 부검하는 의사와 침대에 누워 있는 한 여성이 있다. 지금은 이런 환경에서 부검하지 않지만, 당시에는 그랬나 보다. 침대에 누워 있는 여성의 가슴 중앙 부위는 천으로 덮여 있고, 부검하는 남성의 왼손에는 심장이 하나 들려 있다. 누워 있는 여성의 심장으로 보인다. 그런데 심장의 크기가 한 손으로 잡을 수 있는 정도에 불과하다. 실제로도

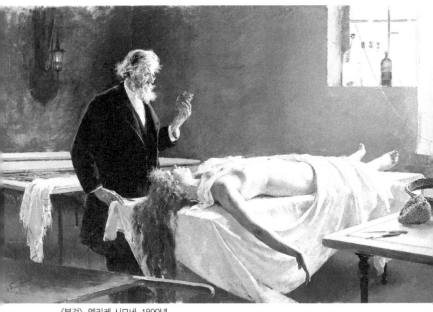

〈부검〉, 엔리케 시모네, 1890년

그렇다. 자기 심장은 자기 주먹 정도의 크기라고 할 수 있다. 물론 남성의 심장이 여성의 심장보다 좀 더 크기는 하지만, 대충 자기 주먹 정도라고 할 수 있다.

심장은 헌신적으로 엄청난 일을 하고 있지만, 우직해서 티를 내지 않는다. 혹시 자신의 심장이 뛰고 있는 것을 느끼는가? 내 심장이 뛰고 있다는 것을 내가 몰라야 정상이다. 그때가 평안한 상태. 심장은 우직해서 티도 내지 않고 한순간도 쉬지 않으면서 몸에 있는 다른 모든 기관에 피를 공급해주면서 나를 살려주고 있다.

혹시 운동을 하거나 스트레스를 받는 등 특별한 상황이 아닌데도 심장이 뛰는 것을 늘 느끼고 있다면 병원에 가서 진료를 받아보는 것이 좋다. 내과, 그중에서 순환기내과에서 진료를 받는 것이 좋겠고, 심전도검사를 받을 것을 권한다.

우리는 의지에 따라 1분 정도라도 숨을 잠시 참을 수 있지만, 심장은 너무도 소중하기 때문에 잠시라도 우리 의지대로 심장을 멈추게 할 수 없다. 그리고 운동을 하거나 스트레스를 받는 등 특별한 상황이 아니고는 심장이 뛰는 것을 느낄 수도 없다. 심장은 가슴 속에서 엄청난 압력으로 피를 쉼 없이 뿜어내면서도 우리가 눈치채지 못하게 묵묵히 일하고 있다.

나는 의학을 배우기 시작했을 때부터 심장이 좋았다. 의대에 입학하고 본과 1학년 때 해부 실습을 하면서 심장을 처음 접했을 때, 심장의 적당한 크기가 마음에 들었고, 원추 형태의 심장의 모양도 마음에 들었다. 근육으로 이루어진 심장의 단단함도 그랬다.

의대 교과과정 중에서 일반적으로 해부 실습은 본과 1학년 때 한다. 본과 1학년 해부 실습을 마치고 본과 2학년이 된 후 나는 심장 해부를 다시 해보고 싶은 마음에 1학년인 척하고 해부 실습실에 들어가 다시 수업을 들은 적이 있다. 당시에는 법의병리학을 전공하리라고는 생각하지 못했다. 그 뒤로 의사 면허를 취득하고 병리과 전문의 자격을 취득한 후 법의학 인정의가 되어 지금까지 2천 개가 넘은 심장을 해부했다.

마음은 어디에 있을까? 당연하게도 마음은 뇌에 있다고 보는 것이 맞다. 하지만 심적으로는 마음은 심장에 있다고 말하고 싶다. 혈액순환론을 주장한 윌리엄 하비 역시 아리스토텔레스의 생각처럼 심장을 인간 생명력의 근원인 장기로 생각했다. 역시 마음은 심장에 있지 않을까.

심장에 의한
사후 심판

고대 이집트에서는 죽은 사람들이 사후세계에서 심판을 받는다고 믿었다. 그 심판을 잘 보여주는 문헌이 《사자(死者)의 서(書)》로, 이 그림은 그 내용을 잘 보여준다.

이 그림은 왼쪽에서부터 죽은 사람이 심판의 자리에 와서 사후 심판을 받는 모습을 보여주는데, 가장 왼쪽에 흰옷을 입고 있는 사람이 죽은 사람이다. 그와 손을 잡고 죽음의 세계에서 심판의 자리로 인도해주는 신이 있는데, 이 신은 자칼의 머리를 한 아누비스다. 오른쪽을 보면, 양팔저울의 가운데에서 아누비스가 하얀 제단에 올라가서 커다란 양팔저울에 무언가의 무게를 측정하고 있다. 양팔저울의 왼쪽에는 깃털이 세워져 있는데, 이 깃털은 법과 정의, 조화, 진리, 지혜의 여

신인 마아트가 머리에 꽂고 있는 깃털이다. 그리고 양팔저울의 오른쪽에는 둥근 형태를 하고 있는 조그만 물체가 있는데, 이것은 죽은 사람의 심장이다.

　이 그림은 정의의 여신을 상징하는 깃털과 죽은 사람의 심장의 무게를 비교하는 방법으로 죽은 사람이 심판을 받고 있는 것을 그린 것이다. 만약 죽은 사람이 정의롭게 살지 않았다면 마아트의 깃털보다 심장이 무거워 아래로 내려가고 정의롭게 살았다면 심장이 내려가지 않는다. 그런데 아무리 그래도 깃털과 심장의 무게 대결이라니. 심장이 너무 불리해 보인다.

만약 심장이 깃털보다 더 무거워 저울이 아래로 내려가면 암무트라는 괴물이 죽은 사람의 심장을 먹어서 없애버린다. 암무트는 악어의 얼굴과 사자의 앞다리, 하마의 뒷다리를 하고 있다. 이집트에서 무서운 것은 다 붙여놓은 것으로 보인다. 이 그림에서 암무트는 저울에 심장의 무게를 달고 있는 아누비스 건너편에 있다.

만약 심장과 깃털이 수평을 이루면 매의 얼굴을 한 태양의 신이자 파라오의 상징인 호루스가 죽은 사람을 인도해 죽음과 부활의 신인 오시리스 앞에 서게 한다. 이 그림에서 하얀 얼굴을 하고 오른팔을 들어 죽은 사람을 인도하는 신이 호루스이고, 가장 오른쪽에 하얀 모자와 옷을 입고 초록색 얼굴로 의자에 앉아 있는 신이 오시리스다. 오시리스 뒤에는 오시리스의 아내와 딸이 오시리스를 보좌하고 있고, 오시리스 앞에는 모든 것을 볼 수 있는 호루스의 눈이 보인다.

이렇게 고대 이집트 신화에서는 한 사람의 삶을 그 사람의 심장의 무게로 판단할 수 있다고 생각했다.

한 사람의 삶 전체까지는 아니지만, 법의병리학자에게도 죽은 사람의 심장 무게를 측정하는 것은 매우 중요하다. 심장의 무게가 증가하는 심장비후는 심장이 스트레스를 받았다는 것을 의미하고, 스트레스를 받아 이차적으로 무게가 증가된 심장은 그 자체로 사람을 사망에 이르게 할 수 있기 때문이다. 따라서 법의병리학자에게 부검 중 심장의 무게를 측정하고 심장을 평가하는 것은 필수적이다.

염전에서 일하는 사람들은 주로 새벽 일찍 또는 밤늦게 일한다. 특히 여름에는 태양이 너무 뜨겁고 염전도 몹시 무덥기 때문에 그 시간에 염전 일을 한다. 그날도 8월 초의 몹시 더운 날로, 망인은 염전에서 일하던 중이었다.

망인은 어려서 부모님을 모두 여읜 후 유일한 피붙이인 여동생과 어렵게 살다가 언제 그리고 어떻게인지 모르게 서로 떨어져 살게 되었고, 수년 전 여동생이 오빠를 수소문해 찾은 이후 남매는 가끔 안부전화를 하며 보냈다. 망인은 40대 미혼 남성으로 순한 성격이었으며, 혼자 지내면서 염전 일을 하던 중이었다. 염전은 주로 섬에 있는 경우가 많고 주위에 다른 시설이 없어서 염전에서 일하는 사람들은 대개 염전 안에 주거할 수 있는 숙소를 마련해 그곳에서 생활한다.

다른 날과 마찬가지로 그날도 오후 5시경 일을 시작했는데, 평소와 다른 것이 있다면 평소 건강했던 망인이 일하는 도중에 수시로 바닥에 주저앉아 쉬는 모습을 보였다는 점이다. 이에 같이 일하던 염전 사장은 망인에게 숙소에 들어가서 쉬라고 한 후 본인은 일을 마치고 밤 11시경 다시 염전으로 돌아왔다. 그런데 망인이 보이지 않았다. 혹시나 해서 숙소도 찾아보았지만 염전이나 숙소 어디에도 보이지 않았다. 사장은 이상한 생각이 들어 망인을 마지막으로 본 곳에 가 보니 망인은 뒤로 누워 하늘을 보고 있는 자세로 쓰러져 있었다. 사장은 곧바로 119에 신고했고, 망인은 병원으로 후송되었으나 이미 도착 전 사망한 상태였다.

도착 전 사망 상태로 응급실에 도착했기 때문에 응급실에서 망인을 진료한 의사 역시 당연히 망인의 사인을 진단하지 못했다. 세상과 고립된 염전이었고, 당시에 망인은 염전 사장과 단둘이 일하고 있었으며, 무엇보다 사인이 불분명했기 때문에 부검이 시행되었다.

망인은 키 180㎝, 몸무게 90㎏으로 건장한 체격이었다. 신체에서 심폐소생술 등 의료행위에 의한 것으로 생각되는 손상 외에 별다른 손상은 확인되지 않았다. 뒤통수 부위에 국소적인 멍이 확인되었는데, 아마도 사망 전 마지막에 뒤로 넘어지면서 생긴 것으로 짐작할 수 있었다.

통상적인 방법대로 내부 장기 검사를 시행했는데, 심장을 적출할 때 심장이 너무 커서 한 손으로 잡기 어려울 정도였다. 망인은 체격이 좋은 편이었지만, 그래도 너무 크다고 생각했다. 심장을 적출해서 무게를 측정해보니 망인의 심장은 780g 정도였다.

사람의 심장 무게는 성별에 따라 차이가 있는데, 대개 남성의 심장이 여성의 심장보다 더 무겁다. 그리고 몸무게, 키, 체표면적에 비례해 심장의 무게는 커지는데, 우리나라에서 성인 남성의 경우 심장의 평균 무게는 305g, 여성은 265g이다. 망인은 키가 크고 몸무게도 무거웠지만 그래도 780g의 심장은 너무 무거웠다. 현미경적 검사로 망인의 심장을 들여다보고 나서 망인의 심장을 비후성 심근병증으로 진단할 수 있었다. 법의학은 법의 적용을 위해 감정하는 의학이고 죽어있는 사람을 진료하는 의학이다. 죽어 있는 환자이기 때문에 치료라는 의료행위는 필요하지 않지만, 이 분의 사례처럼 여전히 진단이라는 의료행위는 필요하다.

고대 이집트의 아누비스뿐만 아니라 현재 법의학자에게도 심장의 무게는 중요하다. 고대 이집트 사람들이 심장의 무게로 그 사람의 삶을 판단했다면, 법의병리학자는 심장의 무게로 그 사람의 죽음을 진단한다. 고대 이집트의 아누비스뿐만 아니라 법의병리학자도 심장의 무게를 측정한다.

처음에 이 남성의 사망이 확인되었을 때는 망인의 사망은 타살을 배제할 수 없었다. 망인과 사장 단둘이 일하는 염전이었고, 그는 평소 건강했으며, 사망 과정 중에 어떤 목격자도 없었기 때문이다. 당시에는 염전 노예라는 사회적 이슈도 있었다. 하지만 부검을 통해 이 남성의 사인은 비후성 심근병증으로 진단되었고, 사망의 종류는 내인사로 결정되었다.

우리는 피해자에게 집중하는 경향이 있고, 반대로 피의자에게는 거침없는 비난의 시선으로 바라보기 쉽다. 하지만 늘 주의해야 한다. 10명의 도둑을 놓치더라도 억울하게 벌을 받는 한 사람을 만들지는 말아야 한다. 어쩌면 부검을 통한 사망의 조사는 살인자 한 명을 잡는 것보다 억울하게 누명을 쓸 수 있는 10명을 놓아주는 데 의의가 있다고도 할 수 있다.

이 남성은 비후성 심근병증으로 사망했다. 비후성 심근병증의 원인은 여러 가지가 있는데, 특히 유전적 이상 때문에 발생할 수 있다. 따라서 가족 중에 비후성 심근병증으로 사망한 사람이 있다면 가까운 가족들은 심장 검사를 받아야 한다. 특별히 비후성 심근병증의 경우 사망한 남성처럼 평소 무

증상으로 있다가 첫 번째 증상이 심정지에 의한 사망일 수 있다. 이 남성은 오랫동안 따로 살아온 여동생에게 마지막으로 한 가지 선물을 주고 먼 길을 떠난 것일지도 모른다. 그리고 그 남성의 마지막 선물은 법의학자인 내 눈을 통해서 받아볼 수 있었다.

죽지 않는 삶은
가능할까

흔히 심장이 멈추면 죽었다고 말한다. 그렇다면 심장을 계속 뛰게 하면 죽지 않을 수 있을까? 맞다. 그럴 수 있다. 그럼 어떻게 심장을 계속 뛰게 할 수 있을까? 우선 강심제를 먹으면 그럴 수 있다. 여러 가지 약물이 심장을 뛰게 할 수 있는데, 그중 디기톡신, 디곡신이 있다. 이 약은 비슷한 이름을 가진 디기탈리스라는 식물에서 유래했다. 이 디기탈리스는 7, 8월에 통 모양의 꽃을 피우는 다년생풀로, '손가락'을 뜻하는 라틴어 digitus(디기투스)에서 유래했다. 디기탈리스 꽃이 장갑의 손가락 모양과 비슷하다고 해서 붙은 이름이다.

디기탈리스에는 강심제 성분이 들어 있는데, 특히 잎에 많다. 디기탈리스에서 강심제 성분을 분리한 사람은 윌리엄 위

더링이라는 영국인 의사다. 그는 심장 기능이 떨어져 부종이 발생한 환자를 치료하던 중 특정 풀을 먹고 환자의 증상이 호전된 것을 확인했다. 환자에게 처방해준 민간치료사인 집시 여인으로부터 처방 내역을 받아 그 풀들을 조사했고, 그중에서 디기탈리스가 효과 있음을 알아냈다. 디기탈리스에서 확인된 약물인 디곡신 등은 지금도 심부전 환자에게 사용되고 있는 약물이다.

디기탈리스는 빈센트 반 고흐가 복용한 약으로도 알려져 있다. 고흐는 양극성 장애 등 정신질환이나 측두엽 간질 등이 있었던 것으로 생각되는데, 동생 테오 반 고흐의 추천을 받아 당시 파리의 화가들 사이에서 유명한 의사였던 폴 가셰에게 진료를 받는다. 테오는 성공한 미술상이었고, 고흐가 가셰에게 진료를 받은 때는 고흐가 사망한 해인 1890년이었다. 가셰는 고흐 외에도 폴 세잔, 르누아르, 마네 등을 치료했는데, 자신도 우울증 환자였다고 한다.

고흐가 사망 전에 그린 〈가셰 박사의 초상〉을 보면 의사 가셰 앞에 디기탈리스가 놓여 있다. 당시 디기탈리스는 간질과 조증 상태의 치료에 사용되었다. 디기탈리스는 과거에 부종을 치료하기 위해 사용되었지만, 간질에는 효과가 없고, 현

〈가셰 박사의 초상〉, 고흐, 1890년

디기탈리스

재도 간질 치료제로 사용되고 있지 않다. 잘못된 사용이었지만, 당시에는 일반적으로 그렇게 사용되었으니 나무라기 어려울 것이다.

디기탈리스를 장기간 섭취하면 드물게 눈에 빌리루빈이 침착되면서 세상이 노랗게 보이는 황시증이 발생할 수 있다. 이를 근거로 볼 때 고흐가 노란색을 그림에 많이 사용한 원인이 가셰가 처방해준 디기탈리스 때문이라고 주장하기도 한다.

이에 대한 반론도 있는데, 고흐가 가셰에게 치료받은 기간은 2달 정도이고, 2달 정도의 치료로 황색증이 생기는 것은 부자연스럽다는 것이다. 또한 가셰는 약물을 신중하게 사용하는 것으로 유명했으며, 디곡신 약물 사용에 관한 논문을 썼을 만큼 디기탈리스에 대해 잘 알고 있었다고 한다. 마지막으로 고흐는 가셰에게 치료받은 1890년뿐만 아니라 그가 이전에 그린 작품들에도 노란색을 많이 사용한 점을 보면 고흐가 디기탈리스 사용에 의한 황색증 때문에 노란색 물감을 많이 사용한 것은 아닌 듯하다.

약을 통해 심장을 계속 뛰게 할 수 있지만, 약만으로 심장을 계속 뛰게 할 수 있다면 세상에 죽는 사람은 없을 것이다. 다른 방법으로 심장을 계속 뛰게 할 수 있는 방법이 있을까? 새로운 심장을 이식하면 된다. 기존에 뛰지 않는 심장을 새로운 심장으로 바꿔주는 것이다. 인공심장이 있다면 좋겠지만, 아직 인공심장은 없다. 다만 뇌사와 같은 상태에서 기증된 심장을 이식할 수는 있다.

2002년 영화 〈존 큐〉는 아들의 생명을 구하기 위해 필사적으로 일하는 노동자 아버지를 다루고 있다. 평범한 가장으로 살아가던 존 큐는 의사로부터 아홉 살 난 아들에게 심장이식이 필요하다는 말을 듣지만 당시 임시직으로 일하던 중이라 수술비를 마련할 수 없었다. 건강보험의 도움을 받을 수 있으리라 기대했지만 허사였고, 다른 노력에도 불구하고 수술비를 마련할 수 없었다. 결국 아들의 심장이식 수술을 받게 하기 위해 존 큐는 병원 응급실에서 인질극을 벌인다. 미국 사회에서 의료보험 문제, 자식에 대한 아버지의 사랑 등 여러 가지를 생각하게 하는 영화다.

당시 영화로 본 심장이식을 지금은 내가 일하는 병원에서도 활발하게 시행하고 있다. 나는 병리과 의사로서 수명을 다하고 적출된 심장을 육안 및 현미경적으로 검사해서 어떤 원인 때문에 심장의 기능이 떨어졌는지를 밝히고 있다.

장기이식을 받는 것은 생명을 선물 받는 것이다. 다른 장기이식도 그렇지만, 심장 이식은 더욱 그렇다. 살아 있는 동안단 한 순간도 쉬지 않고 뛰는 심장이기에 그렇고, 심장이 혈액을 통해 다른 모든 장기에 생명을 공급해주기 때문에 그렇다. 심장을 이식받기 전에는 2층으로 올라가는 것도 힘들어하던 환자들이 이식 후 건강하게 산을 오르는 모습을 본다.

심장에 의한
살인

몇 년 전, 한 고등학교 기숙사에서 살인사건이 발생했다. 하지만 살인사건이라고 단정하기에는 어색한 모습들이 확인된 사건이기도 했다. 살인 이유가 분명하지 않았고, 따라서 살인의 고의가 있었는지 확실하지 않았다. 그리고 사망사건이 매우 갑작스럽게 일어났다는 것도 특이했다. 10대 후반의 남자 청소년들 사이에서 있을 법한 다툼 정도였는데, 상대방 학생이 갑작스럽게 사망한 것이다. 문제는 피해 학생이 맞은 위치였다. 다툼 중 피해 학생은 가슴 부위 전흉부를 맞았고, 이내 사망했다.

법의학적으로 가슴 부위를 둔력에 의해 맞은 후 갑작스럽게 사망하는 것을 심진탕 또는 심좌상이라고 한다. 이 둘은 가슴 부위에 둔력의 손상을 받은 후 치명적인 부정맥이 발생해서 급작스럽게 죽음에 이를 수 있는 손상들이다.

이 중에서 심진탕은 구조적인 심장의 손상을 유발하는 심좌상과 달리 육안은 물론이고 현미경적 검사에서도 심장의 손상이 확인되지 않는다. 대개 15세에서 25세 정도의 남성에서 발생하는데, 가슴 부위에 뭔가 단단한 물체로 맞은 후에 바로 사망하는 것이다. 발생 기전을 살펴보면 심장의 주기적인 수축과 이완 중에 0.02초에서 0.04초의 매우 짧은 특정 기간에 심장이 있는 전흉부로 적당한 크기와 모양 및 속도의 둔력이 작용해 심장에 치명적인 부정맥이 발생하는 것이다.

사실 황당하다고 생각할 만한 사망이기도 하다. 하필이면 이렇게 짧은 순간에 가슴의 특정 부위를 부딪히거나 맞으면서 사망하다니. 이런 죽음이 정말 있을까 되물을 수 있겠다. 하지만 이런 죽음은 있다. 심장은 충성스러운 생명의 공급자라고 할 수 있는데, 이런 죽음은 심장에 의한 살인이라고 할 만하다.

2023년 1월 2일, 미국 미식축구 선수인 다마르 햄린이 경기 중 상대방의 태클로 인해 심정지가 발생하는 사고가 있었다. 태클 당시 햄린의 전흉부를 가격당했고, 상대 선수와 충

2023년 1월 2일, 미국프로풋볼(NFL) 버펄로 소속의 다마르 햄린(뒤쪽)이 경기 도중 상대 선수로부터 태클을 당하는 장면

돌 후 그는 한두 발 뒤로 걷는 듯하다가 곧바로 쓰러졌다. 이 경기는 미국에서 생중계 중이었고, 햄린이 쓰러지는 장면 역시 실시간으로 송출되었다.

다행히 곧바로 심폐소생술이 시행되었고, 병원으로 이송되어 늦지 않게 치료를 받을 수 있었다. 이처럼 심진탕은 야구나 하키 선수들이 가슴 부위에 야구공이나 퍽을 맞으면서 발생하는 경우가 많고, 햄린의 경우처럼 미식축구 경기 중 발생하기도 한다.

주검이 말하는
죽음의 시간

법의학에서는 사망 후 시체의 변화를 초기 시체 현상인 초기 사후변화와 후기 시체 현상인 후기 사후변화로 구분한다. 초기 사후변화의 대표적인 현상으로는 시체얼룩(시반), 시체경직(시강), 체온 하강이 있으며, 후기 사후변화로는 부패가 대표적이다.

살아 있을 때 심장은 쉬지 않고 뛰고 있어서 혈관 속의 혈액은 멈춤 없이 계속 흐른다. 그러나 심장이 멈추고 죽으면 혈관 속의 혈액은 더 이상 흐르지 않고 한 곳에 머무른다. 그러면서 적혈구의 세포막은 유지되지 못하고 용혈이 일어나며 혈액은 중력의 방향으로 가라앉는다. 이런 현상 때문에 피부 바깥쪽에 보라색 멍이 든 것처럼 보인다. 이것을 시체얼룩 또는 시반이라고 하는데, 사망 후 경과된 시간에 따라 모양이나 착색의 정도가 다르며, 이를 통해 사망한 지 얼마나 지났는지 사후경과시간을 추정할 수 있다.

살아 있을 때 근육은 수축하기도 하고 이완하기도 하지만 개체가 죽으면, 즉 세포가 죽으면 세포 안에 있는 미토콘드리아에서 세포의 에너지로 사용되는 아데노신삼인산(ATP)을 만들어내지 못하고 근육은 단단하게 굳어버린다. 물론 죽은 직후에는 근육에 힘이 없어 사람은 쓰러진다. 그러다가 시간이 지남에 따라 근육은 굳고 그 자세를 유지한다. 이런 시체경직으로 인해 시신의 관절들은 단단하게 굳는다. 이런 굳음은 작은 관절에서부터 큰 관절로 진행되고, 일정 시간이 지나면 시체경직은 다시 작은 관절에서 큰 관절 순서로 사라진다. 따라서 시체경직이 어느 관절에서 어느 정도로 있는지 확인함으로써 사망한 지 얼마나 지났는지를 추정할 수 있다.

마지막 초기 사후변화는 체온하강이다. 인간은 정온동물이기 때문에 살아 있을 때 체온은 늘 일정하게 36.5도로 유지된다. 체온을 유지하기 위해 많은 에너지를 사용하는데, 죽으면 더 이상 체온을 유지하기 위해 사용할 에너지를 만들지 못하고, 체온은 주위 온도와 같아질 때까지 떨어진다. 이것이 체온하강이다. 처음 36.5도에서 출발해 서서히 떨어지므로 체온이 어느 정도까지 떨어졌는지를 측정하면 사망 후 시간이 얼마나 지났는지 추정할 수 있다.

내가 처음 부검했을 때 느낌이 어땠느냐고 물어보는 이들이 많았다. 지금도 잊히지 않는 것이 있는데, 그것은 처음 부검했을 때 느낀 '차가움'이다. 사람이 죽으면 부패를 방지하기 위해 시신을 영안실 냉장고에 보관하게 되고, 부검할 때까지 장례식장 등의 영안실 냉장고에 보관되다가 해당 시신은 부검을 위해 부검실로 잠시 옮겨진다. 따라서 부검을 위해 테이블 위에 놓인 시신은 차갑다.

그때까지 내가 만난 사람들 모두는 나와 체온이 비슷했기 때문에 부검하기 위해 시신을 처음 만졌을 때 나는 적잖이 놀랐다. 나와 같은 모습을 하고 있지만 죽음으로 넘어간 이들은 차갑기만 했다.

엔키두 곁을 지킨
길가메시

후기 사후변화를 대표하는 것은 부패다. 부패라고 하면 흔히 불쾌한 냄새가 나는 것, 또는 시신의 피부색이 녹색으로 바뀌는 것을 연상한다. 사찰에 가면 사천왕상을 볼 수 있다. 사천왕상은 동서남북 우주의 사방을 지키는 수호신인 사천왕을 형상화한 불교 조각이다. 불교가 서역을 거쳐 중국에 전래되면서 갑옷을 입은 무장의 모습으로 자리잡았는데, 우리나라에서 사천왕상은 통일신라 이후에 크게 성행했다. 이 사천왕상은 눈을 부릅뜬 채로 피부색이 어둡거나 녹색의 빛을 띠고 있다. 그래서 사찰에서 사천왕상을 볼 때마다 나는 부패한 시신의 얼굴을 연상하곤 한다.

불쾌한 냄새가 나거나 피부색이 바뀌는 것을 부패라고 정의할 수는 없고, 이들은 부패로 인한 현상이라고 해야 맞다. 부패는 세균의 증식 및 대사 작용에 의해 시신이 분해되는 것이다. 세균이 증식하고 대사 작용을 하면서 신체가 분해되고, 불쾌한 냄새가 나는 가스가 생성되며, 시신의 피부색도 녹색으로 변한다. 부패는 세균에 의해 발생한다. 따라서 세균의 증식이나 대사 작용을 억제시키면 부패를 방지하거나 부패 속도를 늦출 수 있다. 시신을 냉장 시설에 보관하는 것도 온도를 낮춰 세균의 활동을 억제해 부패의 진행을 막기 위해서다.

법의학에는 카스페르의 법칙이 있다. 이것은 시신의 부패 속도와 관련된 것으로, 공기 중에 있는 시신은 물속에 있는 시신보다 두 배 더 빨리 부패하고, 땅 속에 묻힌 시신보다 8배 더 빨리 부패한다는 것을 말한다. 공기 중에서 적절한 온도를 유지하고 공기가 공급되어야 세균 증식과 대사 활동이 활발하고, 그래서 시신이 공기 중에 있을 때 부패가 빨리 진행된다. 물속에 있거나 땅속에 묻혀 있을 때는 부패 속도가 감소된다.

그리고 부패는 세균에 의해 이루어지기 때문에 당연히 세균이 많은 곳에서 먼저 진행된다. 우리 몸에서 세균이 많은 곳은 대장(큰창자)이며, 그래서 아랫배 부위에서 부패가 먼저 진행된다. 흔히 맹장이라고 부르는 부위에서 부패가 먼저 진행되는데, 맹장은 아랫배의 오른쪽에 위치하고 있어서 부패로 인한 시신의 변색은 아랫배 오른쪽에서 먼저 시작된다.

혈액은 세균을 키우기에 좋은 조건을 가지고 있다. 그래서 세균의 증식에 의한 부패 역시 혈관을 따라서 진행하는 경향이 있다. 따라서 초기 부패가 진행되는 시신의 피부에서는 혈관의 주행에 따라 형성된 부패에 의한 선들을 볼 수 있다. 혈관이 몸에서 거미줄처럼 퍼져 있는 것처럼 부패에 의한 줄 모양의 변색도 거미줄처럼 피부를 통해 보이는데, 법의학에서는 이를 마블링이라고 부른다.

인류 최초의 서사시로 일컫는 〈길가메시 서사시〉는 고대 메소포타미아 수메르 지방 남부의 도시국가 우루크의 왕 길가메시의 모험담을 담고 있다. 이 작품에 다음과 같은 구절이 나온다.

죽어야 하는 운명이 그를 옭아맸소.
난 그 때문에 엿새 낮과 이레 밤을 통곡했소.
내가 그의 시신을 매장하지 않자

결국 그의 콧구멍에서 구더기가 나왔소.

그러자 나 역시 죽을까 봐 겁났소.

점점 죽음이 두려워졌고 그래서 야생을 방랑하오.

내 친구가 당한 일은 감당 못 할 정도였소.

그래서 머나먼 길에 나서 야생을 방랑하고 있소.

내 친구 엔키두가 당한 일은 감당 못 할 정도였소.

그래서 머나먼 길에 나서 야생을 방랑하고 있소.

내가 어떻게 입 다물 수 있겠소? 내가 어떻게 잠잠할 수 있

겠소?

내가 사랑했던 내 친구가 흙이 되어버렸는데

내가 사랑했던 내 친구 엔키두가 흙이 되어버렸는데

나도 그와 똑같이 되어,

나 역시 누워서 영원토록 다시는 일어나지 못하지 않겠소?

여기에서 죽은 사람으로 나오는 엔키두는 길가메시를 처치

하기 위해 보내졌지만, 오히려 길가메시의 동반자가 된 사람

이다. 많은 모험을 함께했던 동반자이자 친구 엔키두가 사망

하자 길가메시는 죽음을 직시한다. 그 뒤 길가메시는 영원히

사는 방법을 찾기 위해 대홍수에서 살아남은 영웅 우트나피쉬팀을 찾아가는데, 길가메시가 그 여정 중에 만난 여신에게 자신이 우트나피쉬팀을 찾아 나선 이유를 인용한 앞 구절로 설명한다.

길가메시는 슬픔에 빠져 통곡하며 엔키두를 6박7일 동안 애곡하며 매장하지 않았는데, 그러자 엔키두의 코에서 구더기가 나왔다. 길가메시는 꿈틀거리며 움직이는 구더기를 보고 죽음을 직시한다. 나는 직업적 특성상 구더기를 드물지 않게 보는데, 길가메시가 죽음을 직시한 구더기의 꿈틀거림은 역설적이게도 신비하고 강력한 생명의 움직임이다. 부검하다가 가끔은 구더기가 귀엽다고 생각하기도 하는데, 그것들이 단체로 있을 때는 여전히 잘 적응되지 않는다.

파리가 알을 낳고 구더기가 발생하는 것도 사망 후 우리 신체에서 벌어지는 자연스러운 현상이고, 이를 통해 사망한 지 얼마나 지났는지 사후경과 시간을 추정할 수 있다. 길가메시는 엔키두가 사망하고 난 후 일주일이 지나서야 엔키두의 코에서 구더기가 나왔다고 하는 것을 보면, 사망한 엔키두의 몸에서 구더기가 등장한 것은 일반적인 경우보다 한참 늦었다. 아마도 길가메시가 친구이자 동반자인 엔키두의 시신을 잘 보존한 것으로 여겨진다. 이렇게 곤충을 통해 법의학적으로 조사하고 연구하는 학문이 법곤충학이며, 법곤충학도 법의학의 한 분야다.

연명의료
결정

나는 학교에서 의과대학 학생들과 법학전문대학원 학생들에게 법의학을 강의하고 있다. 그리고 '법의학자와 읽는 호메로스 이야기'라는 제목의 교양수업으로 다양한 전공의 학생들에게 법의학을 소개하고 있다. 수업을 듣는 학생들에게 내가 강조하는 몇 가지가 있다. 그중 첫째는 출석이다. 나는 학생이 수업에 출석하는 것을 중요하게 여긴다. 수업에 출석하는 것은 학생과 교수 사이에 약속을 지키는 것이고, 그것이 기본이라고 생각하기 때문이다. 그리고 다른 한편으로는 내 전공이 법의학이라는 점 때문이다.

법의학 전공과 출석이 무슨 상관이냐고 할 수 있겠지만, 나는 법의학 수업이기에 출석이 중요하다고 생각한다. 수업을 듣는 학생들 대부분은 법의학을 전공하지 않을 것이 분명하다. 요즘 필수의료가 한창 이슈다. 다들 필수의료가 중요하다, 필수의료를 양성해야 한다, 필수의료를 지켜야 한다, 필수의료를 전공하는 사람이 더 대접받아야 한다, 필수의료 처우를 개선해야 한다 등등 말이 많다. 물론 맞는 말이고 동의한다.

나는 병리과 전문의다. 병리과 역시 필수의료로 인정되고, 개인적인 생각이지만 흔히 말하는 기피과 중 하나다. 그래서 전공의 충원률이 낮은 진료과들을 말할 때 늘 포함된다. 그런데 한 걸음 더 들어가면 법의병리를 전공하는 법의학이 있다. 이 안에 끼지도 못하는 전공이다. 그래서 나는 출석을 중요하게 여긴다. 어차피 전공하지 않을 테니 수업 시간에라도 한 번쯤은 들어보라는 의미다. 지금 아니면 언제 법의학을 배울까. 이런 생각에 학생들에게 출석을 강조한다.

수업 시간에 학생들에게 강조하는 다른 하나는 사전연명의료의향서 작성을 위한 상담이다. 요즘에는 많이 알려져 있지만, 사전연명의료의향서가 무엇인지 모르는 이들도 많을 것이다. 사전연명의료의향서는 연명의료결정법이라고도 불리는 '호스피스·완화의료 및 임종 과정에 있는 환자의 연명의료 결정에 관한 법률'에 의한 서식 중 하나다. 연명의료결정법은 호스피스 · 완화의료 및 임종 과정에 있는 환자의 연명의료와 연명의료 중단 등 결정을 규정하는 법이다. 회생 가능성이 없고, 치료에도 불구하고 회복되지 않으며, 증상이 급속도로 악화되어 사망이 임박해 임종 과정에 있는 환자에게 환자의 뜻에 따라 심폐소생술, 혈액투석, 항암제 투여, 인공호흡기 등과 같이 치료 효과는 없이 임종 과정의 기간만 연장시키는 연명의료를 시행하지 않거나 중단할 수 있도록 하는 법이다.

여기에는 두 가지 서식이 있는데, 연명의료계획서와 사전연명의료의향서다. 연명의료계획서는 적극적인 치료에도 불구하고 근원적인 회복 가능성이 없고 점차 증상이 악화되어 수개월 이내에 사망할 것으로 예상되는 말기 환자의 의사에 따라 담당 의사가 환자에 대한 연명의료 중단 등을 결정하는 사항을 작성하는 서식이다.

사전연명의료의향서는 19세 이상의 사람이 자신의 연명의료 중단을 본인의 결정에 따라 미리 작성하는 서식이다. 임종 단계에 이르렀을 때 연명의료를 받을지 말지를 평소 건강한 상태일 때 미리 정하는 서류다.

사전연명의료의향서

※ 색상이 어두운 부분은 작성하지 않으며, [ ]에는 해당되는 곳에 √표시를 합니다.

등록번호		

작성자	성 명		주민등록번호	
	주 소			
	전화번호			

연명의료 중단등결정 (항목별로 선택합니다)	[ ] 심폐소생술	[ ] 인공호흡기 착용
	[ ] 혈액투석	[ ] 항암제 투여

호스피스의 이용 계획	[ ] 이용 의향이 있음	[ ] 이용 의향이 없음

사전연명의료 의향서 등록기관의 설명사항 확인	설명 사항	[ ] 연명의료의 시행방법 및 연명의료중단등결정에 대한 사항
		[ ] 호스피스의 선택 및 이용에 관한 사항
		[ ] 사전연명의료의향서의 효력 및 효력 상실에 관한 사항
		[ ] 사전연명의료의향서의 작성·등록·보관 및 통보에 관한 사항
		[ ] 사전연명의료의향서의 변경·철회 및 그에 따른 조치에 관한 사항
		[ ] 등록기관의 폐업·휴업 및 지정 취소에 따른 기록의 이관에 관한 사항
	확인	년 월 일 성명

환자 사망 전 열람허용 여부	[ ] 열람 가능	[ ] 열람 거부	[ ] 그 밖의 의견

사전연명의료 의향서 보관방법		

사전연명의료 의향서 등록기관 및 상담자	기관 명칭	소재지
	상담자 성명	전화번호

본인은 「호스피스·완화의료 및 임종과정에 있는 환자의 연명의료결정에 관한 법률」 제12조 및
같은 법 시행규칙 제8조에 따라 위와 같은 내용을 직접 작성하였습니다.

	작성일	년 월 일
	작성자	
	등록일	년 월 일
	등록자	

사전연명의료의향서

사전연명의료의향서는 보건복지부가 지정한 사전연명의료의향서 등록기관에서 상담 및 설명을 듣고 작성하는데, 수업 중 과제는 사전연명의료의향서 등록기관에 가서 설명을 듣고 상담을 받는 것이다. 사전연명의료의향서 작성 가능 기관은 국립연명의료관리기관 홈페이지에서 확인할 수 있다. 물론 사전연명의료의향서 등록을 위한 상담을 경험해보도록 하는 것이 목적이고, 등록 자체를 학생들에게 강요하는 것은 아니다.

사전연명의료의향서 상담 및 설명을 듣고 난 뒤에 많은 학생들이 등록했다. 어떤 학생은 등록하고 나와 보니 바깥 공기가 더 소중하게 바뀌었다고 말했다. 사전연명의료의향서를 상담 받는 사람들은 대부분 고령의 노인층이다. 노인층에서 죽음을 더 가깝다고 생각해 사전연명의료 결정에도 더 관심이 많을 것이다. 하지만 나는 역설적이게도 사전연명의료의향서가 더 절실한 사람은 젊은 세대라고 생각한다. 사전연명의료의향서는 임종 단계에 이르렀을 때 연명치료를 받지 않을 것을 미리 결정하는 서류로, 언제든 연명의료를 받는 것으로 바꿀 수도 있다. 그리고 만성질환으로 정신과 육체가 쇠락해지면 그때 다시 수정할 수도 있다.

따라서 사전연명의료의향서를 작성하는 가장 큰 장점은 연명의료를 받을지 말지 결정할 수 없는 상태에 갑자기 놓였을 때를 대비할 수 있다는 점이다. 이 경우 흔히 노인층에서 죽음이 더욱 가깝다고 생각할 수 있지만, 죽음은 항상 우리 옆에 있다.

죽음은 늘 삶과
함께한다

구스타프 클림트가 그린 〈죽음과 삶〉을 보면, 왼쪽에는 어린 아이부터 어른에 이르기까지 다양한 사람들이 모여 있다. 그들 중 한 여성만 빼고 모두가 눈을 감고 있다. 오른쪽에는 죽음을 상징하는 듯한 해골이 웃으면서 그들 모두를 쳐다보고 있다. 웃고 있는 해골의 모습이 섬뜩한데, 그래서인지 한 여성을 빼고는 모두 눈을 감고 고개를 숙이는 등 죽음을 외면하고 있다.

죽음은 항상 우리 옆에 있다는 것을 잊지 말아야 한다. 고령의 어르신들은 만성적인 질환으로 인해 서서히 그 길에 들어서는 경우가 많다. 한편, 젊은이들은 상대적으로 죽음에 대한 인식이 약하지만, 신체적 활동이 왕성한 만큼 사고에 노

〈죽음과 삶〉, 구스타프 클림트, 1915년.

출되는 경우도 많아, 예측할 수 없이 연명의료를 받을지 말지 여부를 결정해야 하는 상태에 놓일 수 있다.

만약 신중하게 고민한 후에 사전연명의료의향서를 작성했다면, 무의미한 연명치료를 받을지 받지 않을지 자신이 판단할 수 있다. 하지만 사전연명의료의향서를 작성해 놓지 않았다면 갑작스럽게 발생한 상황에서 의료진은 반사적으로 연명의료를 시행할 것이다. 이렇게 되면 삶의 마지막에 자기 생명을 위한 연명의료를 지속할지 말지 결정은 가족들의 손에 놓인다. 가족들은 심각하게 고민할 것이다. 연명의료를 그만두자니 매정해 보이고 환자를 사랑하지 않는 것처럼 보일 테고, 생명이 기적처럼 돌아올지 회복되지 못할지 알 수 없는 상태에서 연명의료를 지속하자니 경제적 어려움도 무시할 수 없을 것이다. 언제까지 연명의료를 지속하기란 쉽지 않은 결정이다.

나는 이런 상황을 많이 봐왔고, 결국 가족들의 결정에 의해 연명의료가 중지되는 것도 많이 보았다. 연명의료결정법의 주요한 의미는 보다 많은 사람들이 자신의 마지막 모습을 상상하고 고민해서 그 결정을 미리 할 수 있도록 도와주는 것이다. 그것은 고령의 노인은 말할 것도 없고 젊은 사람들에게도 중요하다. 클림트의 그림처럼 죽음은 늘 옆에서 웃으면서 나를 보고 있을 수 있기 때문이다.

연명의료 중 한 가지 예를 들어보자. 내게 완전한 의지가 사라진 상태라면 모르겠지만, 생명에 필수적인 호흡이라는 의지가 내게 남아 있다면 내 입을 통해 기계호흡관이 삽입된 후에는 숨을 쉬려는 내 의지와 기계호흡 장치가 서로 싸울 것이다. 기계호흡 장치에 내 의지가 꺾이면서 허파가 찢어지는 일이 발생할 것이다. 이런 상태를 임상의학에서는 '파이팅이 있다'고 한다. 내 패턴대로 들숨과 날숨을 쉬려는 의지와 기계호흡 장치의 들숨과 날숨의 주기가 서로 싸우는 것이다.

물론 이런 일이 항상 있는 것은 아니다. 이런 싸움을 줄이기 위해 의사들은 수시로 적절히 기계호흡 장치를 조절하고, 싸움이 적은 기계호흡 모드를 사용할 수도 있다. 그렇다고 해도 싸움을 완전히 없애는 것은 어렵고, 불행하게도 기계호흡 장치와 내 호흡 의지가 싸울 때는 항상 기계호흡 장치가 이긴다. 기계호흡 장치의 의지가 항상 내 의지보다 강해 기계호흡 장치는 고장 나지 않는 대신 내 허파는 찢어진다.

사전연명의료의향서를 작성하러 오는 사람들 대부분은 노인들로, 그분들이 사전연명의료의향서를 작성하려는 이유를 듣고 그 사유가 슬펐다는 학생들이 많았다. 그분들이 사전연명의료의향서를 작성하려는 이유는 불필요한 연명의료를 받지 않으려는 뜻이 아니라 자녀에게 짐이 되지 않기 위해서였다. 자녀에게 짐이 되지 않으려 손수 사전연명의료의향서를 작성하러 가는 동안 그분들의 마음이 어땠을까.

학생들에게 사전연명의료의향서 작성을 위한 상담을 받도록 했고, 반응은 다양했다. 다행히 상담 받고 나니 좋았다는 반응이 대부분이었다. 등록까지 한 학생들 중에는 삶에 큰 결정을 한 것 같아 뿌듯하고 철학자가 된 것 같았다고 말하기도 했다. 집에 가서 부모님과 상의했고, 부모님도 등록하기로 했다는 학생도 있었다. 한 학생은 올해 초에 할머니가 돌아가셨는데, 당시에는 사전연명의료의향서에 대한 지식이 없는 상태에서 할머니의 상태가 나빠지면서 혼란스러웠다고도 했다.

법의학으로 보는 인간은 죽음이라는 마지막을 직시하면서도 자신의 결정으로 자신의 마지막 모습을 그릴 수 있는 인간이다.

있었지만 없는
사람

그는 60대 남성으로, 젊었을 때 술을 좋아했다. 술을 마시면 부인과 아이들에게 횡포를 부렸는데, 다음날 술이 깨면 언제 그랬냐는 듯 부인과 아이들을 친절하게 대했다. 다시는 그렇게 하지 않겠다고 약속했지만 그런 일은 반복되었고, 그렇게 수년이 반복되자 결국 아내와 아이들은 집을 나갔다. 이후로 수십 년 그는 혼자 살았다. 그 뒤로도 그는 술을 마시며 살았지만, 주위 사람들에게 행패를 부리지는 않았다. 오히려 그는 주거지에서 혼자 거주했고 주변 이웃과 소통도 없었다.

그런데 어느 날부터인가 그가 보이지 않았고, 아파트 관리사무소로 이상한 악취가 난다는 주민들의 민원이 들어왔다. 이 때문에 관리사무소 직원은 그의 집을 방문했는데, 직원 역시 다른 곳에서는 맡을 수 없는 이상한 악취를 느꼈다.

현관문은 잠겨 있어서 들어갈 수 없었는데, 일주일 전쯤 배달된 쌀이 현관문 앞에 그대로 놓여 있는 것을 보고 관리사무소 직원은 이상한 생각이 들어 경찰에 신고했다. 경찰이 도착했지만 경찰이 문을 따고 집 안으로 들어갈 수는 없었고, 119가 도착한 후에야 문을 강제로 개방해 집 안으로 들어갈 수 있었다.

그는 안방과 거실 사이에 누워 있었는데, 하늘을 보고 누운 자세였다. 옷은 반쯤 입고 있었고, 얼굴색은 검은색이었다. 앞서 들어가서 그를 본 관리사무소 직원은 전문가는 아니었지만, 그의 얼굴만 봐도 이미 그가 죽었다는 것을 알 수 있었다. 살아 있는 사람의 얼굴이 아니라고 생각했다. 당연히 심폐소생술을 하려는 생각은 하지도 않았다. 얼굴뿐만 아니라 팔과 다리도 검은색이었고, 그의 등 아래로는 검은색 체액이 고여 있었으며, 거실 바닥에 깔려 있던 얇은 이불 한쪽 귀퉁이도 독특한 악취를 풍기는 이 검은색 체액에 젖어 있었다. 집 안에는 파리가 많이 날아다니고 있었고, 시신 주위에서는 꿈틀거리는 구더기를 어렵지 않게 확인할 수 있었다. 시신 위에서는 구더기가 주로 얼굴과 겨드랑이 및 사타구니 쪽에서 기어 다니고 있었다.

집 구조는 현관 안으로 좁은 복도가 있고, 복도의 왼쪽에는 작은방과 화장실로 통하는 문이 연이어 있었다. 복도를 벗어나면 주방 겸 거실과 안방이 있었는데, 거실과 안방 사이에 있는 시신은 열린 안방 문을 통해 확인할 수 있었다. 안방을 지나면 베란다로 연결되는 구조였다. 냉장고 안에서 상하지 않은 달걀이 있었고, 몇 가지 반찬이 남아 있었다.

변사자의 소지품 검사도 진행되었다. 우선 집 안에서 물색 흔적은 확인되지 않았고, 현금 1만 원권 90장과 100원짜리 동전 7개가 확인되어 총 90만700원을 찾아냈다. 집 안에서 현금이 확인되어 경찰은 한편으로 안심할 수 있었다. 적어도 금품과 관련된 사망은 아닐 것 같았기 때문이다. 사실 경찰은 집 안에서 현금이 발견되기 이전에도 타살이거나 그와 유사한 사건은 아니라고 생각하고 있었다. 집은 14층이었고, 현관문은 잠겨 있었으며, 물색 흔적도 없었기 때문이다.

망인의 주민등록증과 망인 명의로 된 은행 통장 2개, 병원 진료등록증도 확인되었다. 해당 병원을 통해 망인의 과거 질병력을 빨리 알 수 있을 것으로 생각되었다. 다만 집 안에서 복용 중이었을 것으로 생각되는 약물은 확인되지 않았다. 진료등록증은 있지만 약은 확인되지 않았기 때문에 약물을 다량 복용해 사망한 것은 아닐까 생각할 수 있었다. 망인의 휴대전화도 발견되었다. 다행히 휴대전화는 잠겨 있지 않아 통화 목록을 확인할 수 있었는데, 마지막 통화기록을 통해 적어도 언제까지 망인이 살아 있었는지 확인할 수 있었다. 요즘은 휴대전화가 망인에 관해 많은 정보를 제공해주곤 하는데, 휴대전화가 잠겨 있어 애를 겪는 경우도 많다.

시신은 영안실로 옮겨졌고, 이후 과학수사팀에서 영안실로 찾아왔다. 경찰 과학수사팀에서 검안을 시행했지만 부패 변성 및 구더기 등에 의한 사후 손괴 외에 특별한 소견은 관찰되지 않았다. 비록 특별한 손상은 확인되지 않았지만, 부패된 상태로 발견되었기 때문에 망인의 사망에는 조사가 필요할 것으로 결정되었고, 부검이 필요할 것으로 판단되었다. 그렇게 그는 나에게 왔다.

그렇게 그는
나에게 왔다

키는 170㎝ 정도, 몸무게는 50㎏이 조금 되지 않았다. 왜소한 체격이라고 할 수 있겠지만, 사망 후 수분이 빠져나가면서 건조된 상태였기 때문에 이 몸무게를 사망 전 망인의 몸무게라고 단정할 수는 없다. 경찰 과학수사팀에서 검안했을 때처럼 시신은 부패와 사후 손괴가 진행된 상태였다. 비록 부패로 인해 불분명했지만, 시체얼룩은 등과 허리 부위 등 몸의 뒤쪽에 있었다. 시체얼룩의 형태는 처음 시신이 발견되었을 때와 차이가 없었다.

시체경직은 확인되지 않았다. 다만 피부가 건조되었기 때문에 이런 건조된 피부로 인해 어떤 관절에서는 시체경직을 확인하기 어려웠다. 부검하면서 체온을 측정하는 것은 불필요했다. 이미 사망한 지 오래되었고, 시신이 발견된 후 내게 올 때까지 24시간 이상 영안실 냉장고 안에 있었을 것이기 때문이다.

우선 시신의 얼굴을 보았다. 살아 있을 때의 얼굴을 예상하기 어려웠다. 얼굴색은 이미 검은색으로 바뀌었고, 일부 피부의 연부조직은 소실되었다. 일부 피부는 늘어졌고, 머리카락 일부는 빠진 상태였다. 하지만 특별한 손상 소견은 확인되지 않았다. 멍이 들었다거나 피부가 찢어졌다거나 하는 상처는 확인되지 않았다. 피가 나는 곳도 없었다. 다만 뒤통수 부위에서 바닥과 닿아 있던 곳에서는 두피가 물러져 있었다.

목과 목덜미 부분에서 특별한 손상은 확인되지 않았지만, 고개가 오른쪽으로 돌아가 있었던 것으로 보였다. 목의 오른쪽에서는 목의 피부 일부가 접혀져 있었고, 그 덕분에 접혀져 있던 목 부위 피부는 검은색으로 변색되지 않았다.

가슴, 배 부위는 건조되어 일부에서는 갈색을 띠고 있었고, 등과 허리 부위는 피부가 물러져 있으면서 옷에 의한 주름도 일부 남아 있었다. 아마도 망인은 하늘을 보고 누운 채로 사망했고, 사망 후 그 자세가 계속 유지된 것으로 보였다. 양쪽 팔과 다리 피부는 건조된 상태였고, 특히 손바닥과 발바닥은 부패 및 건조가 진행되면서 검은색으로 변색되어 있었다.

겉모습에 대한 검사를 마무리하고 나서 해부를 시작했다. 피부가 건조되어 메스가 잘 들어가지 않았다. 메스로 가능한 부분은 메스를 이용했고, 메스로 절개되지 않는 피부는 가위를 이용해야 했다. 딱딱한 피부를 절개하자 피하지방층이 나타났다. 일부 피하지방은 액화되어 흘러내렸고, 흘러내리는 액화된 노란색 지방은 내 장갑을 적셨다. 단단한 피부와 액화된 지방은 대조적이었고, 지방으로 인해 장갑이 젖으면서 피부를 단단하게 잡고 있던 손이 미끄러지기도 했다. 이럴 때는 조심해야 하는데, 자칫 미끄러져 손이 메스에 베이는 등 안전사고가 발생할 수 있다. 근육도 상당 부분 흐물흐물해져 있었고, 근육층의 두께가 얇았다. 사망 전에도 망인은 영양상태가 좋지 않았을 것 같았다.

배 부위를 절개하다 위장 벽 일부에 절창이 만들어졌다. 위장이 부패로 인해 팽창되었기 때문에 그랬지만, 다행히 위장 벽 전체가 잘리면서 구멍 나지는 않아 다행이었다. 그랬다면 위 내용물이 배 공간으로 빠져나와 위 내용물을 채취하기 어려워지는 등의 문제가 발생했을 것이다. 술식에 따라 간, 콩팥, 지라, 이자 등이 적출되었지만, 엉덩정맥에서 혈액을 채취할 수는 없었다. 이미 부패가 많이 진행되어 신체 내에 혈액은 남아 있지 않았다.

가슴 부위 근육도 절개했고, 갈비뼈가 노출되었다. 심폐소생술이 시행된 망인이었다면 갈비뼈 골절이 확인되었을 테지만 이분은 홀로 돌아가셔서 심폐소생술에 의한 것으로 생각되는 갈비뼈 골절은 보이지 않았다. 심장과 허파를 검사하기 위해 갈비뼈 일부와 복장뼈를 제거했다. 심장막과 양쪽 허파가 노출되었다. 우선 심장막을 절개하고 심장을 노출시킨 후 심장을 적출했다. 만약 부패되지 않았더라면 심장 안에 있는 혈액을 채취할 수 있었겠지만 망인은 혈액이 남아 있지 않았다. 양쪽 허파도 적출했다. 이들 장기는 부패되지 않은 시신의 장기들에 비해 가벼웠다.

도대체 무슨 일이
있었을까

두피를 절개하고 두피 안쪽을 관찰했다. 그런데 어색한 부분이 확인되었다. 이마 부위 두피 안쪽이 어두운 색으로 변색되어 있었다. 망인은 하늘을 보고 누워 있었고 시신은 그 자세로 유지된 것으로 생각할 수 있었는데, 그렇다면 이마 부위의 변색은 어색한 소견이다. 뒤통수 부위가 이처럼 어두운 색으로 변색되어 있었다면, 시신이 하늘을 보고 누워 있는 자세로 있었기 때문에 시체얼룩이 형성되는 기전에 의해 뒤통수두피가 혈액에 착색되는 경우가 있을 수 있다. 하지만 하늘을 보고 바로 누운 자세로 있던 시신에서 이마의 두피가 변색되는 것은 어색한 일이다.

자세히 살펴보기 위해 머리뼈에 남아 있는 연부조직을 벗

겨내자 이마 부위의 두피가 어두운 색으로 변색된 이유를 알
수 있었다. 이마뼈에서 선상의 골절이 확인되었다. 망인은
사망 전에 이마 부위에 외력이 가해지며 두피의 출혈과 이마
뼈 골절이 있었던 것이다.

　망인의 사인을 단정하기는 어렵지만, 여기까지만 확인해도
이미 추가 수사는 필요하다고 할 수 있다. 사망 전 망인의 이
마 부위에 머리뼈 골절이 발생할 정도의 외력이 가해졌을 것
이다. 이마 머리뼈의 골절은 선상이었고, 뒤쪽을 향하는 12
시 방향으로 길게 진행된 골절은 정수리 부분을 지나 마루뼈
와 뒤통수뼈 일부까지 도달했다. 그리고 이마 머리뼈 앞쪽에
서는 7시 방향으로도 약 4㎝ 정도의 선상골절이 방향을 바꾸
어 동반되어 있었다.

　머리뼈를 제거하고 보니 선상골절 위치와 일치하는 경막상
출혈이 확인되었다. 경막상출혈은 머리뼈 골절과 연관되어
발생하는 뇌출혈의 일종이다. 뇌를 싸고 있는 경막을 제거하
자 뇌와 경막 사이의 공간에서 경막하출혈도 확인되었다. 뇌
는 부패로 인해 흐물흐물해진 상태였고, 사후변화로 인해 그
밖에 다른 소견은 확인할 수는 없었다. 그래도 망인의 사인은
머리뼈 골절, 경막상출혈과 경막하출혈과 같은 머리 부위 손

상으로 판단할 수 있었다.

목 부위 해부를 시행했다. 일반적으로 목 부위 해부는 머리와 몸통 부위를 해부한 후에 시행한다. 목 부위는 좁은 공간에 혈관들이 많이 존재하고, 작은 손상들을 세밀하게 관찰해야 할 필요가 있다. 이 때문에 다른 부분을 해부한 후 마지막에 시행한다. 부패로 인해 평가에 제한이 있었지만, 출혈이나 골절과 같은 손상은 확인되지 않았다.

처음 시신이 내게 왔을 때는 일반적인 주거지 안에서 일어난 사망 사건으로 내인사로 추정되었다. 부검을 시작하기 전 담당 형사와의 면담에서 형사도 내게 그렇게 설명했다. 그가 주거하는 곳은 14층이었고, 현관문은 잠겨 있어서 119가 강제 개방하고 안으로 들어갈 수 있었다. 주거지 안에서는 물색 흔적이 없었고 현금도 발견되었다. 하지만 부검이 마무리된 후 망인의 사인은 머리 부위 손상으로 판명되었다. 망인은 사망 전에 이마 부위에 외력이 가해졌을 것이고, 그로 인해 머리뼈 골절과 뇌출혈이 발생했다. 어쩌면 앞으로 넘어지면서 이마 부위가 부딪혔을 수 있고, 이마 부위를 가격당했을지도 모른다. 처음 이마 부위에 외력이 가해졌을 때는 대수롭지 않게 생각하고 집으로 돌아와 잠을 잤지만 그 뒤로 깨어나지 못했을지도 모른다.

이제 수사가 필요하다. 일주일 전쯤부터 놓여 있었던 쌀과 휴대전화 통화기록, 그리고 시신의 부패 정도 등을 종합할 때 망인은 약 20여 일 전에 사망한 것으로 추정되었다. 사망 전 망인의 과거 행적에 대한 수사가 필요해졌다. 홀로 거주하던 고립된 사람의 죽음도 수사가 필요한 죽음일 수 있다.

혼자 죽는
사람들

고독사는 통상적으로 누구의 보살핌을 받지 못하고 홀로 사망하는 것을 말하지만, 학문적인 정의가 명확하게 이루어지지는 않았다. 다만 다른 사람과의 관계성 없이 혼자 사망해 일정 시간이 지난 후에 사망한 채 발견된다는 공통점이 있다. 사회적 문제로 대두되는 고독사에 대해 우리나라에서는 '고독사 예방 및 관리에 관한 법률'를 제정해 2021년 4월 1일부터 시행하고 있다. 이 법에서 고독사는 가족, 친척 등 주변 사람들과 단절된 채 사회적 고립상태로 생활하던 사람이 자살·병사 등으로 임종을 맞고, 시신이 일정한 시간이 흐른 뒤에 발견되는 죽음을 말한다.

　이런 사망 형태를 지칭하는 고독사라는 용어는 인구 고령화를 앞서 경험한 일본에서 1980년대 이후 독거노인이 사후에 발견되는 사회현상을 설명하기 위해 사용하기 시작했고, 급속한 고령화를 겪고 있는 우리나라에서도 중요한 사회문제로 인식되고 있다.

특히 근래에는 고령의 노인뿐만 아니라 젊은층에서도 고독사가 증가하는 현상이 지적되고 있는데, 이는 급속한 도시화로 인한 주거형태의 문제, 비정규직 등 불안정한 고용 상태 등에 의한 경제적인 문제, 지속적인 조혼인율의 감소가 보여주는 결혼의 감소, 그리고 1인 주거의 증가 등에 의한 것으로 생각된다.

고독사는 주로 사회과학적인 문제로 생각할 수 있지만, 법의학적인 면에서도 중요하다. 고독사로 발견된 변사체의 많은 경우에서 법의부검이 이루어진다. 이는 고독사의 중요한 특성 중 하나가 다른 사람과의 관계성 없이 혼자 사망하는 것이기 때문이다. 즉, 고독사는 목격자가 없는 죽음이기 때문에 사망에 대한 조사가 필요하다. 또한, 고독사의 다른 중요한 특성으로 고독사에 의한 시신은 사망한 지 일정 시간이 지난 후, 부패 등 사후 변성이 고도로 진행된 상태에서 발견되는 경우가 많고, 따라서 사인이나 사망의 종류 등 사망을 조사하기가 어려울 수 있다.

2022년 12월 보건복지부에서 고독사 실태조사 결과를 발표했는데, 2017년부터 2021년까지 최근 5년 고독사에 대한 자료였다. 2021년 고독사 사망자 수는 3,378명으로 최근 5년간 증가 추세였고, 우리나라 고독사의 특성으로는 매년 남성이 여성보다 4배 이상 많았으며, 고독사의 가장 많은 연령대는 50, 60대로 이들이 매년 고독사의 50~60% 정도를 차지했다.

고독사라고 하면 흔히 사망의 종류 중 내인사로 생각한다. 그러나 고독사의 정의에 사망의 종류는 있지 않고, 내인사뿐만 아니라 자살이나 사고사, 심지어 타살과 같은 외인사도 가능하다. 고독사 중 자살은 17~20% 정도였는데, 같은 기간 전체 사망자 중 자살은 4~5% 정도였던 것에 비하면 매우 높은 것을 알 수 있고, 특별히 20대의 고독사에서는 50% 이상이 자살로 확인되었다.

앞에서 소개한 죽음에서도 망인의 사인은 머리 부위의 손상이었다. 처음 부검이 의뢰될 당시에는 여느 고독사와 같이 60대 남성에서 발생한 고독사로 내인사를 의심하고 부검이 의뢰되었으나, 부검을 시행한 이후 사인은 머리 부위 손상으로 확인되었다. 따라서 망인의 사망은 부검 후에 추가 수사가 필요한 사망으로 수사 방향이 변경되었다.

망인은 이마뼈에서 선상의 골절이 확인되었던바, 앞쪽으로 넘어지며 머리뼈 골절 및 뇌출혈이 발생했을 가능성을 고려할 수 있었는데, 만약 음주 후 넘어지는 사고가 있었고, 처음 넘어질 당시에는 별것 아닌 것으로 생각하고 집에 돌아왔으나 사망했을 수 있다. 그랬다면 사고사였을 것이다. 그러나 누군가와 다툼이 있었고, 다툼 중에 상대방이 밀어 넘어졌거나 이마 부위의 가격이 있었다면 망인의 사망은 살인사건이 될 수 있을 것이다.

고독사에서 가장 많이 사망하는 주거형태는 주택, 아파트, 원룸 순이며, 주택은 단독주택, 다세대주택, 연립주택 및 빌라는 포함하는 것으로, 고독사의 50~65%가 주택에서 사망한 채 발견되었다. 그러나 20세 미만과 20대의 고독사에서는 원룸이 가장 많이 발생하는 장소로 확인되었다. 최초 발견자는 형제 · 자매, 임대인, 이웃 주민 순이었다. 그 밖에 직계혈족, 택배기사, 친인척, 경비원, 직장 동료 등이었다.

한편, 최근 연구에서는 부패로 인한 악취 때문에 이웃 주민이 신고해 관리사무소 직원 등 건물 관리인이 발견하거나 집

주인 등이 임대료를 받기 위해 찾아가서 시신을 발견하는 경우가 가장 많은 것으로 확인되었다. 시신이 발견될 때까지의 기간은 평균 26.6일이나 39.9일 정도였다.

우리는 흔히 고독사라고 이야기하는데, 고독사라는 말이 맞는지 생각해본다. 사망하고 나서 어느 정도 시간이 지난 다음에 시신이 발견되었다는 사실은 인정되지만, 그가 고독했는지는 알 수 없지 않을까. 그래서 고독사라는 단어 대신 고립사라는 말을 제안하기도 한다.

죽음의 마지막 절차,
검시

우리는 삶을 여행에, 죽음을 그 마지막 목적지에 비유하곤 한다. 또는 죽음을 삶의 마지막 완성이라고 하기도 한다. 이제 법의학의 눈으로 본 인간의 마지막에 이르러 죽음으로 완성되는 인간의 삶을 이야기하려 한다.

죽음 그 자체로 삶이 완성되었다고 하기는 어렵다. 그것은 그 생명이 끝났다는 것을 의미할 뿐이다. 그에게는 아직 하지 못한 말이 많이 있을 것이고, 우리에게는 들어야 할 말이 아직 많이 있다. 흔히 "죽은 사람은 말이 없다."라고 말한다. 맞다. 죽은 사람은 말이 없다. 말을 하고 있다면 죽은 사람이 아니다. 그래서 죽은 사람의 말을 듣기 위해서는 스스로 보아야 한다.

살아 있는 우리가 생명이 마무리된 사람의 삶을 어떻게 완성할 수 있을까? 그들의 삶을 완성하기 위해서는 그들의 무언(無言)의 말을 들어야 한다. 죽은 자의 마지막 말을 듣기 위한 것이 검시제도다. 법의학의 눈으로 보는 인간은 죽은 후에도 우리에게 말을 하는 인간이다.

검시제도를 설명하려면 검시(檢視)와 검시(檢屍)를 설명해야 한다. 이 중 검시(檢視)는 죽음에 대해 수사하는 것으로, 이 검시의 주체는 형사소송법상 검사로 되어 있다. 형사소송법 제222조 '변사자의 검시'에서는 변사자 또는 변사로 의심 있는 사체가 있는 때는 그 소재지를 관할하는 지방검찰청 검사가 검시해야 하며, 검시로 범죄의 혐의를 인정하고 긴급을 요할 때는 영장 없이 검증할 수 있다.

반면에 검시(檢屍)는 시신을 검사하는 것이다. 검시(檢屍)는 검안과 부검으로 구분할 수 있다. 검안은 시신을 해부하지 않고 검사하는 것을, 부검은 시신을 해부해 검사하는 것을 말한다. 법에서는 검시(檢視)의 책임이 검사에게 있다는 점은 명확히 하고 있지만, 검시(檢屍)에서 부검을 행할 사람의 자격은 특별히 정하고 있지 않다. 다만 해부를 행하는 자격은 '시체 해부 및 보존에 관한 법률'에 정해져 있어서 그와 유사하게 추정해볼 수 있다. 이 법률 제2조 '시체의 해부'에서 시체를 해부할 수 있는 경우는 다음 각 호의 어느 하나에 해당하는 경우로 하고 있다.

1. 시체의 해부에 관하여 상당한 지식과 경험이 있는 의사(치과의사 포함)로서 대통령령으로 정하는 사람이 해부하는 경우.

2. 의과대학(치과대학 및 한의과대학 포함)의 해부학, 병리학 또는 법의학을 전공한 교수·부교수 또는 조교수가 직접 해부하거나 의학을 전공하는 학생으로 하여금 자신의 지도 하에 해부하게 하는 경우.

3. 보건복지부장관, 국방부장관(군인의 시체를 해부하는 경우에 한함) 또는 특별자치시장·특별자치도지사·시장·군수·구청장은 시체를 해부하지 아니하고는 그 사인을 알 수 없거나 이로 인하여 국민 보건에 중대한 위해를 끼칠 우려가 있는 경우에는 시체를 명할 수 있다는 동법 제6조에 따라 해부하는 경우.

4. 형사소송법 제140조 따른 사체의 해부 등의 검증을 하는 경우 또는 형사소송법 제173조 제1항 감정에 필요한 처분

으로서 사체의 해부를 하는 경우.

5. 검역법에 따라 시체의 사인을 확인할 수 없거나 검역감염병에 감염된 것으로 의심되어 검역소장 또는 질병관리청장의 명령에 따라 해부를 하는 경우.

6. 그 밖에 특별자치시장·특별자치도지사·시장·군수·구청장이 시체 해부가 필요하다고 인정하여 시체를 해부하게 하는 경우.

죽음으로
완성되는 삶

법으로 규제하는 해부의 사유에 대해 앞에서 말했다. '시체 해부 및 보존에 관한 법률' 제2조(시체의 해부)의 각호를 살펴보면, 제1호와 제2호는 병원이나 의과대학에서 교육 및 질병 연구 등을 위해 시행되는 해부를 말한다. 제3호와 제5호 및 제6호는 검역이나 방역과 같은 목적에 의해 시행되는 해부를 말한다. 우리가 말하는 검시(檢屍)로서의 해부는 제4호에 해당된다. 다만 여기에도 부검을 행할 사람의 요건이나 권한은 명시되어 있지 않다.

검안은 어떨까? 검안은 시체를 해부하지 않고 검사하는 것을 말한다. 검안을 행할 자에 대해서는 의료법에서 확인할 수 있다. 의료법 제17조(진단서 등)에 따르면 검안하고 시체검안서를 작성하는 것은 의사, 치과의사, 한의사이면 할 수 있다. 즉 의사, 치과의사 및 한의사 면허 외에 특정한 요건을 요구하고 있지 않아 문제가 있다. 법의학을 전공하지 않은 의사도, 치과의사도, 한의사도 시체를 검안하고 검안서를 작성할 수 있다는 것이 문제다. 마치 내과의사도 심장 수술을 할 수 있고, 치과의사도 심장 수술을 할 수 있고, 한의사도 심장 수술을 할 수 있다는 것과 같다.

변사자 또는 변사로 의심되는 시신이 발견된다. 하지만 신고하지 않으면 이 죽음은 적절히 조사되지 못하고 묻힐 수 있다. 사실 특별한 경우를 제외하고 가족이 사망했다고 망자의 유가족이 112에 신고하는 일은 많지 않다. 심지어 의사의 사망 진단을 받지 않고 망자와 가까운 관계에 있는 사람들이 그의 죽음을 증명해주는 인우보증으로 사망신고를 할 수도 있다. 시체를 검안하고 검안서를 작성하는 자격은 의사, 치과의사 및 한의사이면 되기 때문에 굳이 법의학적 지식이 있고 법의학의 전문 자격이 있는 사람이 작성한 시체검안서를 받지 않아도 된다. 내 마음에 드는 내용의 시체검안서를 작성해주는 의사, 치과의사, 한의사이면 그만이다. 그들이 병사로 검안서를 작성해 발부해주면 이 단계에서 변사 사건은 부검

없이 마무리될 수 있다.

어떻게 해서 신고되었다고 하자. 형사소송법 제222조에 따라 검시(檢視)의 주체인 그 소재지를 관할하는 지방검찰청 검사가 검시해야 한다. 그러나 대개의 경우 동법 동조의 제3항에 따라 경찰관이 시신을 검시하게 되는데, 이를 대리검시라고 한다. 하지만 경찰에도 부검을 경험한 법의학을 전공한 의사는 없다.

이렇게 초동수사가 이루어지고, 검시(檢視)의 주체인 검사는 경찰의 초동수사 기록을 검토해 부검을 위한 검증영장을 신청하거나 신청하지 않을 수 있다. 신청하지 않으면 그것으로 끝이고, 신청하면 법원에서 판사의 판단으로 검증 영장이 발부될 수 있고 발부되지 않을 수도 있다. 발부되지 않으면 그것으로 끝이고, 발부되면 그제야 시신은 법의병리학자에게 올 수 있다. 이런 과정을 거쳐 법의병리학자가 그의 눈으로 직접 보고 죽은 사람의 말을 듣는다. 오랜 시간과 많은 단계를 거쳐 여기까지 왔다.

우리나라의 검시제도는 한쪽으로 기울어져 있다. 우리나라에는 타살이냐 아니냐를 가리는 사법 목적으로의 검시제도만 존재한다. 이처럼 사법 체계나 행정 목적의 체계 안에서만 부검과 같은 검시(檢屍)가 필요할까? 형법 제222조 '변사자의 검시'에서 규율하고 있는 것처럼 변사자 또는 변사의 의심이 있는 사체가 아닌 경우에도 사적 영역에서 보험의 문제나 산업재해 등의 문제로 인해 검시(檢屍)가 필요한 때가 있지 않을까. 그 필요성을 부인하기 어렵다. 오히려 보험이 일반화되고 이해관계가 점점 더 복잡해지는 현대 사회에서 이런 사적 영역에서의 검시(檢屍)의 필요성은 점점 더 많아지고 강조될 것이다.

이에 대한 준비가 필요하다. 사법 영역의 절차를 거치지 않고, 사적 영역에서 유족의 요청으로 적절히 검시(檢屍)를 받을 수 있는 제도가 필요하다. 그래야 사법 체계에서의 검시(檢視)도 범죄 의심이 있는 변사 사건에 대한 검시(檢屍)에 더 집중할 수 있을 것이다. 죽음으로 완성되는 삶은 적절한 검시 제도를 통해 보장될 수 있다.

사람으로서 받는
마지막 의료

누군가 나에게 어떤 의사가 되고 싶냐고 물어본다면, 나는 "실수하지 않는 의사가 되고 싶다."고 말한다. 죽은 사람을 위해서는 특히 그렇다. 검안이나 부검에서 실수는 돌이킬 수 없기 때문이다.

검안이나 부검은 다른 의료행위와 달리 사람에게 행해지는 '마지막' 의료행위다. 검안이 시행되고 시체검안서가 발부되면 사망신고가 될 수 있다. 그러면 그 사람은 공식적으로 죽은 것으로 인정되고, 법적 및 사회적인 모든 권리와 의무가 사라진다. 그리고 그 시신은 화장되거나 매장이 될 수 있다. 부검도 그렇다. 부검은 해부를 통해 시신을 검사하는 것이기 때문에 일단 부검이 이루어진 시신은 되돌릴 수 없다. 부검하면서 내가 놓치면 그것은 없는 것이 된다. 부검하면서 내가 그의 이야기를 듣지 못하면 아무도 그의 마지막 말을 들을 수 없다. 검안과 부검은 사람에게 행해지는 마지막 의료행위다. 그래서 나는 실수하지 않는 의사가 되고 싶다.

자신을 위한 마지막 의료행위를 누구에게 받고 싶은가? 우리나라는 복잡하고 바람직하다고 보기 어려운 검시제도를 여전히 이어오고 있다. 게다가 타살 여부와 같은 범죄 관련성 여부에만 중점을 둔 검시제도를 두고 있다. 경찰과 검찰, 법원은 범죄 관련성 여부가 중요할 수밖에 없다. 한 사람의 삶의 마무리로서 검시제도나 민사적인 문제, 남은 유가족의 권리에는 상대적으로 중점을 두기 어려울 수밖에 없다. 이대로 괜찮을까?

한쪽으로 치우치고 부적절한 검시제도는 우리나라의 불행한 역사와 관련 있다. 조선시대 이후 우리나라는 일제강점기를 거치면서 독일과 일본의 대륙법 체계에 의한 검시제도를 받아들이게 된다. 그러다가 해방되면서 미군정 체제를 거쳤고, 자연스럽게 영미법 체계의 검시제도가 섞여 지금에 이르게 되었다.

미국에서는 의사인 법의병리학자가 검시(檢視)의 권한을

갖고 사망을 조사한다. 본인이 의사이기 때문에 자신이 검안하고, 자신의 결정에 따라 필요하면 부검을 한다. 그들이 변사사건에 대한 검시(檢視)를 책임지기 때문에 따라서 모든 의대생들이 법의학 교육을 받지 않아도 된다. 의대생 중에서 일부가 의사 면허를 취득하고, 병리과를 전공해 병리 전문의가 된 다음 법의병리학을 세부 전공해서 법의병리학자가 된 이후에 그들이 검시(檢視)를 담당하기 때문이다. 그들이 검시(檢視)의 권한을 갖고 사망을 조사하기 때문에 모든 의대생들에게 법의학 교육을 하지 않아도 되는 것이다.

하지만 우리나라와 마찬가지로 대륙법 체계를 가지고 있는 독일이나 일본에서 검시(檢視)의 권한은 검사에게 주어져 있다. 검사는 의사가 아니기 때문에 시신에 대한 검시(檢屍) 경험과 지식이 부족할 수밖에 없다. 따라서 검시(檢屍)는 의사에게 맡겨진다. 이런 제도 밑에서 검시(檢屍)와 검시(檢視)가 잘 이루어지려면 검시(檢屍)를 수행하는 의사 개개인의 역량이 뛰어나야 한다. 따라서 이런 제도를 시행하는 독일이나 일본, 우리나라에서는 모든 의대생들에게 법의학의 교육이 적절히 이루어지는 것이 중요하다.

그런데 우리나라에서는 의사뿐만 아니라 치과의사도, 한의사도 검안을 하고 시체검안서를 작성할 수 있다. 뿐만 아니라 미군정 시기를 거친 후 경제 발전 시기를 거치며 우리 사회의 많은 분야에서 미국은 닮아가야 할 표준이 되었고, 이는 의과 대학 교육에서도 그랬다. 미국은 법의병리학자에게 검시(檢視)의 책임과 권한이 있기 때문에 그런 것인데, 우리는 그런 제도를 가지고 있지 않으면서도 미국 의과대학에 법의학교실이 없고 학생 때 법의학 교육이 이루어지지 않는 것처럼 그것을 닮아 의과대학에서 법의학 교육은 약화되었고, 의사고시에도 법의학 과목은 자리를 잡지 못했다.

이런 문제가 독일이나 일본과 같은 나라에도 있지 않겠느냐 물을 수 있다. 물론 그렇다. 독일이나 일본도 검시(檢視) 권한이 있는 검사는 의사가 아니기 때문에 검시(檢屍)는 의사에게 의존할 수밖에 없다. 따라서 이들 나라에서는 의과대학 시절에 의대생들에게 법의학 교육이 강조된다.

독일에서는 의사고시에 법의학이 필수 임상과학 과목으로 포함되어 있으며, 의과대학 한 곳마다 평균 12.5명의 법의학 교수가 학생들의 강의 및 실습에 참여하고 있다. 일본에는 81개의 의과대학이 있고, 이 의과대학들 모두에 법의학교실이 있다. 각 의과대학에서 법의학 교수는 평균 3.6명이다. 물론 일본도 의사 면허를 취득하기 위한 시험에 법의학 분야의 문제가 포함되어 있다. 반면에 우리나라는 40여 곳의 의과대학 중에서 10여 곳에만 법의학교실이 있고, 그나마 있는 법의학교실에도 한두 명 정도의 법의학 교수가 있을 뿐이다. 더구나 의사고시에 법의학 과목은 없다.

우리나라와 같은 법체계를 가지고 있는 독일이나 일본이지만, 이들 나라에서는 법의학 전공자가 아닌 검사가 검시(檢視)의 주체가 되어 있다는 한계를 극복하기 위해 그들 나름의 해결책을 찾으려 노력하고 있으며 합리적인 제도를 만들어 왔다.

독일에서는 검사와 경찰 및 법의학 전문의사가 함께 검안을 하고 그 결과를 토의한다. 물론 검안 자체는 법의학자가 주도적으로 시행한다. 검안 후 부검이 필요할 것으로 판단되는 경우에 법의학자는 부검을 시행할 것을 검사에게 권고한다. 그리고 그 권고에 따라 부검이 시행되는 경우에 한 건의 부검당 두 명의 법의학자가 함께 부검을 시행한다.

특별히 시신을 화장하는 경우에는 화장을 시행하기 전에 사망진단서를 포함해 망인의 기록을 법의학자가 재차 검토하고 최종적으로 다시 한번 검안을 시행한다. 사망진단서의 내

용과 망인의 사망 전 기록 및 화장 직전에 시행된 검안의 소견이 일치해야 화장을 진행할 수 있다. 독일에서는 이처럼 화장을 앞두고 실시하는 검시(檢屍)에서 주기적으로 일치하지 않는 사망이 발견된다고 한다. 그런 일이 있을 때는 경찰에 신고되고, 시신을 압수한 뒤 정밀 검사를 위해 법의학연구소로 보낸다. 화장 전 검시에서 발견된 사건들을 바탕으로 집계한 결과를 보면, 독일에서는 연간 약 1천 건의 미확인된 살인 사건이 발생하는 것으로 추정되었다. 우리나라는 어떨까? 이런 일이 없다고 누가 장담할 수 있을까?

일본에서는 검시(檢屍)의 중요성이 사회적으로 인식되는 몇몇 사건이 있었고, 그 사건들을 계기로 검시제도에 대한 법적·제도적 보완을 마련했다. 대표적으로 2007년, 17살의 스모 선수가 훈련 시간에 심정지로 발견되어 근처 병원으로 이송했으나 사망한 사건이 있었다. 병원에서는 급성심부전을 사인으로 추정했고, 경찰은 사인을 협심증이나 심근경색증 같은 허혈성 심장질환으로 발표했다. 하지만 사인을 이상하게 여긴 선수의 부모가 사적으로 의뢰해 부검을 시행했고, 사인은 폭행에 의한 쇼크로 확인되었다. 이 사건을 계기로 일본 법의학회에서는 2009년에 '사인 규명 의료센터'의 설치를 제안했다. 이 센터의 설립 목적은 모든 국민이 사람으로서 마지막 의료를 받도록 하는 것으로, 경비는 후생노동성의 예산으로 하되 2009년 당시 기준으로 사인 규명 의료센터의 예산 규모는 연간 국민 1인당 200엔 정도로 할 것을 제안했다. 우리나라에서도 삶의 마지막 의료를 적절하고 정당하게 받기 위해 1년에 국민 1인당 2천 원 정도의 예산은 부담할 수 있지 않을까.

이후 일본에서는 2020년 4월부터 사인규명 추진 기본법이 시행되고 있는데, 이 법은 사인 규명에 관한 인재 육성, 사인 규명에 관한 교육 및 연구 거점의 정비, 사인을 규명하는 전문 기관의 정비, 시체 검안 및 부검의 내실화 등의 기본 시책을 다루고 있다.

이들은 우리나라와 같은 사법체계를 가지고 있으면서도 범죄와 관련성 여부에만 중점을 둔 사망 조사 제도의 문제점을 해결하기 위해 많은 노력을 기울이고 있다. 우리가 참고하고 배워야 할 것이 많다고 생각된다. 우리나라에도 범죄와 관련성 여부와 상관없이 국민 개개인의 삶에 대한 온전한 마무리를 위해 사법적 절차를 거치지 않더라도 적절한 검시(檢屍)를 받을 수 있도록 검시(檢屍) 서비스를 제공하는 '국립사인규

명센터'와 같은 기관이 필요하다고 생각한다.

　사람으로서 생의 마지막에 이르렀을 때, 마지막 의료를 누구에게 받고 싶은가?

Mortui vivos
docent

법의학의 시선으로 보는 인간은 죽은 후에도 살아 있는 우리
에게 말을 하는 인간이다. 말을 한다는 것은 인간의 고유한
능력이다. 물론 일부 동물도 그들끼리 의사소통을 한다고 한
다. 고래는 사람이 들을 수 없는 낮은 주파수인 12~25㎐ 사
이에서 대화를 나누는데, 수백 킬로미터 거리에 있는 다른 개
체와 이야기를 나눌 수 있다.

하지만 인간만큼 사고하고 그 사고를 언어로 표현하며 기
록하는 생명은 없다. 어쩌면 인간만의 독특한 인간성은 여기
에 근거하는지도 모른다. 더구나 죽은 사람과 대화하는 생명
은 인간이 유일하다. 죽은 사람과의 대화를 통해 그들로부터
배울 수 있는 존재는 인간이 유일하다. 그래서 인간이라고 할

수 있을 것이다. '죽은 사람들이 살아 있는 사람들을 가르친다.' 라는 라틴어 'Mortui vivos docent.' 처럼.

다른 한편으로, 동물과 인간의 차이를 말할 때 인간만이 눈물을 흘린다거나 인간만이 혈연관계에 있지 않은 다른 개체와 쉽게 협력한다는 점을 들기도 한다. 죽음과 관련해서는 사망한 다른 개체를 위한 애도나 장례 의례의 유무를 꼽기도 한다. 하지만 최근에는 일부 동물들도 죽은 개체를 위한 애도나 의례를 갖는다는 것이 확인되었다. 돌고래는 죽은 새끼를 자기 몸으로 받치고 헤엄치기도 하고, 어떤 범고래는 출산 중 새끼가 죽자 9일 동안 새끼를 수면 위로 들어 올리며 헤엄치기도 했다. 이런 행동은 다른 동물들에게도 나타나, 인간과 유전자와 가장 유사한 동물인 침팬지 속의 침팬지나 보노보는 사망한 개체의 사체를 보호하며, 슬퍼하고 애도하기도 한다. 또한 코끼리는 죽은 개체 위에 흙을 뿌려 덮어주기도 하고 수일 동안 자리를 지키는 모습을 보이기도 한다.

하지만 인간은 여기에서 더 나아가 내가 아닌 다른 개체의 죽음을 인식함으로써 나의 죽음을 예견하고 다른 개체의 죽음을 애도하며 장례라는 일정한 의례를 거치며 죽은 사람을 추모하고, 살아 있는 나는 위로를 받는다. 그리고 검시(檢屍)

를 통해 죽은 사람의 삶을 마무리하고 완성한다. 그의 말을 들음으로써 그로부터 배운다.

내 눈으로 직접 봄으로써 죽은 사람의 이야기를 듣는 학문이 법의학이고, 법의학은 거기에 그치지 않고 이를 통해 살아 있는 사람들의 인권을 옹호하고, 공중의 건강과 안정을 증진하며 사회정의를 구현하고자 하는 의학이다. 법의학의 시선으로 보는 인간은 죽은 후에도 살아 있는 나에게 말을 건네는 인간이다. 그의 말을 들을 때 그의 삶은 완성되고 우리는 그를 통해 배울 수 있다.

에필로그

　책을 마무리했다. 처음 글을 쓰면서 법의학의 눈으로 보는 사람이 어떤 사람인지 궁금한 독자들뿐만 아니라 법의학이라는 학문 자체에 대한 이해를 돕기 위한 책을 쓰고자 했는데, 그 목표에 잘 도달했는지 모르겠다. 사람이란 무엇인가에 대한 법의학적 고찰에도 성실하고자 했는데, 평가는 독자들이 하리라 생각한다.

　세상의 모든 사람은 죽으므로 어떤 학문보다 실재적으로 죽음을 다루는 학문인 법의학에 관한 지식은 세상의 모든 사람이 알아도 좋을, 아니 알아야 할 지식이라고 생각한다. 우리 모두는 언젠가 결국 죽을 것이기 때문이다. 돌아올 곳이 있고 마지막이 어디인지 알고 길을 가는 사람은 여행자이겠지만, 목적지를 모른채 정처 없이 길을 가는 사람은 떠돌이라고 할 수 있다. 물론 떠돌이의 삶이 더 행복할 수 있고, 그렇게 느낀다면 그렇게 살아도 좋다고 생각한다. 그러나 한 번쯤은 내가 어디로 가고 있는지 생각해보고, 그곳에 먼저 간 사람들의 말을 들어보는 것이 지금 내가 가고 있는 길에서 두려움을 덜어내고 행복감을 더하는 방법이 될 수 있지 않을까 생각해본다. 그래서 법의학은 죽음을 다루지만 뒤를 돌아보기보다 앞을 보는 이야기가 되어야 한다고 생각했다.

어제 퇴근했더니 요즘 한창 나와 싸우고 있는 9살 막내딸이 엄마에게 짜증을 내고 있었다. 막내가 그러는 이유를 아내에게 물었더니 집에 있는 책을 다 읽어 더 읽을 책이 없어서 그렇단다. 덕분에 아내는 새로운 책을 찾기 위해 여러 서점 홈페이지를 열심히 검색했다. 사실 막내딸의 말을 해석하면, 자기 마음에 드는 책이 없으니 다른 책을 구해달라는 의미였을 것이다.

세상에는 평생 읽어도 다 읽지 못할 책들이 이미 켜켜이 쌓여 있다. 그런데 철학과 사상이 부족한 내가 나무를 희생시키고 자연의 자원을 소진하며 또 한 권의 책을 만드는 것은 불필요하고 부적절하다는 생각이 들기도 했다. 하지만 내가 공부하는 법의학은 인간의 삶과 죽음을 아우르는 학문으로, 우리의 삶을 돌아보고, 나뿐만 아니라 앞으로 언제인가는 죽을 모든 사람이 알아야 할 지식을 담고 있다는 권위에 기대어 용기를 얻어 이 책을 썼다. 독자들의 마음에 담기는 책이 되어 많은 이들에게 도움이 되었으면 좋겠다.

마지막으로 '아빠는 일하려고 아침에 직장으로 출근하고, 일하려고 저녁에 집으로 출근한다.'며 핀잔을 주기도 하지만, 그래도 이해해주고 지지해주는 아내 경진과 아이들 유은, 유안, 유빈에게 고맙다는 말을 하고 싶다. 그리고 논문밖에 써본 적이 없어서인지 문체부터 어색했던 내 글을 책으로 만들어준 출판사에 감사의 말을 전하고 싶다. 처음 원고와 마지막 원고를 보면 많은 차이가 있음을 알게 되어 스스로 놀란다. 다른 책들을 보면 주로 프롤로그에 감사의 말을 적던데, 형제지간임에도 우리가 에피메테우스보다 프로메테우스를 더 잘 알 듯이 프롤로그보다는 에필로그를 보는 독자가 더 적을 것 같아 쑥스러운 마음에 감사의 인사를 에필로그에 소심히 적어본다.

참고자료

고래의 비밀(http://www.nobelscience.net/news/articleView.
html?idxno=1700).

김형건 · 박정우 · 조휘열 · 서준희 · 최철호 · 나주영, 〈부검감정서와
사망증명서상의 사인 및 사망의 종류 불일치에 대한 연구〉, 대한법의
학회지, 2014;38:139-144.

나주영 · 김형건 · 김은정 · 이성진 · 이봉우, 〈검안보고서와 부검감정
서의 사인 및 사망의 종류 비교 연구〉, 대한법의학회지, 2016;40:119
-124.

나주영 · 박종태, 〈법원 판결과 연명의료결정법으로 본 환자의 자기
결정권과 죽음에 대한 고찰〉, 대한법의학회지, 2022;46:1-10.

나주영, 〈법의부검 자료를 통한 대한민국 고독사에 관한 고찰〉, 보건
사회연구, 2023;43:274-288.

문국진, 《죽은 자의 권리를 말하다》, 글로세움, 2012.

박지혜 · 나주영 · 이봉우 · 양경무 · 최영식, 〈2017년도 법의부검에
대한 통계적 고찰〉, 대한법의학회지, 2018;42:111-125.

버네사 우즈, 김진원 역, 《보노보 핸드셰이크》, 디플롯, 2022.

서경, 〈인간 생명의 시작은 언제로부터 보는 것이 타당한가?〉, 한국

모자보건학회지, 1998;2:7-11.

앤드류 조지, 공경희 역, 《길가메시 서사시》, 현대지성, 2021.

이수진 · 노상재 · 김형석 · 나주영 · 박종태, 〈진료 중 사망한 경우에서 사망의 원인 및 종류 결정에 대한 고찰〉, 대한법의학회지, 2023;47:95-104.

클라아스 부쉬만, 박은결 역, 《죽은 자가 말할 때》, 웨일북, 2021.

허기영, 〈독일, 일본 및 한국의 학생 법의학 교육〉, 대한법의학회지, 2022;46:95-101.

허기영, 〈일본의 새로운 사인 조사 제도〉, 대한법의학회지, 2021;45:73-78.

2021년 사망원인통계, 통계청.

2022년 고독사 실태조사, 보건복지부.

9일째 계속되고 있는 범고래들의 장례식(https://www.hani.co.kr/arti/animalpeople/wild_animal/855950.html).

Chungsu Hwang, Joo-Young Na, Young San Ko, Young-Il Park, Jin-Haeng Heo, Ho Suk Song. Sudden Unexpected Death Due to Myocarditis Caused by Coronavirus Disease 2019: Postmortem Histopathologic Evaluation. Korean J Leg Med, 2022;46:126-132.

Did Damar Hamlin experience commotio cordis? What to know

about the rare phenomenon(https://www.npr.org/2023/01/03/114
6744819/damar-hamlin-buffalo-bills-cardiac-arrest-commotio-
cordis).

Doğaç Demir, Şefik Görkey. Van gogh and the obsession of yellow
: style or side effect. Eye (Lond) 2019;33:165-166.

NFL player Damar Hamlin in critical condition after
suffering cardiac arrest(https://www.lemonde.fr/en/sports
/article/2023/01/03/nfl-player-damar-hamlin-in-critical
-condition-after-suffering-cardiac-following-a-tackle_
6010145_9.html#).

이 책은 죽어 있는 사람이 아닌
살아 있는 사람을 위한 법의학을 이야기한다

그래서 인간의 시각으로 본 법의학을 다루고,
법의학의 시각으로 인간을 바라본다

인격적으로 점잖은 무게 '드레'

드레북스는 가치를 존중하고 책의 품격을 생각합니다